Ludger Pesch
Verena Sommerfeld

# TEAM ENTWICKLUNG

## Wie Kindergärten TOP werden



TEAM- und
ORGANISATIONSENTWICKLUNG
PRAKTISCH

Beltz

Ihre Wünsche, Kritiken, Fragen richten Sie bitte an:
Verlagsgruppe Beltz
Fachverlag Soziale Arbeit, Erziehung und Pflege
Pestalozzistr. 5-8
13187 Berlin
E-Mail:e.grueber@beltz.de

Herausgegeben von der Redaktion klein & groß

Gestaltung und Satz: Jens Klennert, Tania Miguez
Zeichnungen: Manfred Bofinger
Titelbild: Ryo Konno/photonica
Druck: Gutenberg  Druckerei, Weimar
Printed in Germany, September 2002
ISBN 3-407-56175-X

# Inhalt

# Vorwort

Mit »Teamentwicklung« legen wir Ihnen den ersten Band der TOP-Reihe vor: »Team- und Organisationsentwicklung praktisch«. Die Bücher dieser Reihe werden Ihnen Anstöße und Hilfen an die Hand geben, mit denen Sie Ihre Einrichtung weiterentwickeln können. Perspektive ist für uns dabei ein Kindergarten, der für Mitarbeiterinnen wie für Kinder und ihre Familien eine angenehme Umgebung ist, in der gern gelernt wird.

Teamentwicklung ist ein Querschnittsthema, das viele Ebenen der Entwicklung des Kindergartens berührt. In mehreren Kapiteln mussten wir uns deshalb aus Platzgründen sehr beschränken. Dort ist dieser Band eine Einführung ins Thema, das in Folgebänden weitergeführt und vertieft wird. Das gilt insbesondere für die Themen Konfliktmanagement, Leiten von sozialen Einrichtungen und erfolgreiches Leiten von Besprechungen.

Jedes Kapitel des Bandes ist in ähnlicher Weise aufgebaut. Zunächst finden Sie in knapper und anschaulicher Form Grundlagen und theoretische Modelle. Mit Literaturangaben verweisen wir auf unsere Quellen und auf Möglichkeiten zum Weiterlesen. Anschließend folgen Einschätzungsbögen und Tests, mit denen Sie eine Situationsanalyse machen können.

Das Hauptgewicht vieler Kapitel liegt auf Gesprächsleitfäden und Übungen. Das Buch schließt ab mit zwei Werkstattberichten aus unserer Praxis als Organisationsberater.

Der Begriff »Übung« signalisiert, dass es sich um Gesprächsformen handelt, die anders sind als die übliche direkte Alltagskonversation. Ihr vielleicht etwas künstlich wirkender (bisweilen auch künstlerischer) Charakter soll Ihnen helfen, Ihr Augenmerk auf besondere Merkmale zu lenken und neue

Erfahrungen zu machen. Einige der Übungen sind eher spielerischer Natur, andere können die Teilnehmerinnen – je nach der konkreten Instruktion – zu einer stärkeren Konfrontation führen.

Entscheiden Sie sich vor jeder Übung für die »Tiefe«, die Sie mit der jeweiligen Übung erreichen wollen und formulieren Sie Ihre Erläuterungen entsprechend.

In diesem Band finden Sie eine Fülle von »Werkzeugen«, die wir selbst erprobt haben. Wir möchten nun Sie anregen, diese Methoden zu nutzen. Vertrauen Sie dabei Ihrer Intuition. Entscheiden Sie auch danach, welche Anregungen Ihnen Lust machen, sie umzusetzen, und was die Mitglieder des Teams ansprechen könnte.

Ziel aller Übungen ist es, hilfreiches Gesprächsmaterial zu gewinnen. Es kommt darauf an, dieses Material für einen Diskurs aller Beteiligten zu nutzen. Nicht Belehrung, sondern ein von Gegenseitigkeit geprägter Austausch ist wichtig. Beim Schreiben führten wir den Dialog mit Ihnen als Leserinnen – natürlich nur in unserer Fantasie. Es hat Spaß gemacht, Sie in unsere Werkstatt zu führen. Noch mehr Spaß könnte es machen, wirklich zusammenzuarbeiten.

Zuletzt: Sie werden in diesem Buch einen unsystematischen Umgang mit weiblichen und männlichen Formen vorfinden. Wir wollten weder durchgängig die weibliche Form benutzen, noch jedes Mal verkrampft beide Geschlechter berücksichtigen (»Praktikant/inn/en«). Fühlen Sie sich in jedem Fall angesprochen und eingeladen.

Die kleinen Vignetten sollen Ihnen helfen, sich besser im Buch zurechtzufinden. Sie stehen für:

 Theorieinputs,

 Praxisbeispiele,

 praktische Verfahren.

# 1 Was ist das eigentlich: ein Team?

Ein Kindergartenteam ist heute täglich mit den Auswirkungen des gesellschaftlichen Wandels konfrontiert: Eltern stellen aufgrund ihrer flexiblen Arbeitszeiten neue, oft individuelle Anforderungen an die Tagesbetreuung. Es gibt viele verschiedene Formen des Zusammenlebens von Erwachsenen und Kindern. Neue Medien und Technologien verändern den Alltag. Veränderungen sind inzwischen keine Ausnahme mehr, sondern der Normalfall.

Die einzelne Erzieherin ist überfordert, das alles zu berücksichtigen. Das ganze Team braucht die Fähigkeit, Situationen einzuschätzen, seine Arbeitsweise und sein Konzept den Veränderungen anzupassen. Wenn sich die Mitarbeiterinnen in diesem Sinn als Problemlösungsteam verstehen, können sie gemeinsam Antworten auf die täglichen Fragen finden.

Für ein solches Selbstverständnis benötigt das Team ausgeprägte **Kommunikations- und Kooperationsfähigkeiten**. Die Entwicklung des Teams gehört deshalb zu den wichtigsten, den Kernkompetenzen. Vorteilhaft ist, wenn alle Mitglieder, nicht nur die Leitung, dazu ein Grundwissen haben. Unser Buch möchte dazu beitragen, dass Sie das »Innenleben« Ihres Teams verstehen und beeinflussen können.

Bevor wir Ihnen dazu praktisches Handwerkszeug vorstellen, wollen wir Sie in wichtige Begriffe und Grundlagen der Teamentwicklung einführen.

## Was kennzeichnet ein Team?

Diese Frage könnten Sie in Ihrem Team stellen, und die Mitglieder würden sie vielleicht sehr unterschiedlich beantworten. Eine offizielle Definition des Begriffs gibt es auch nicht. Folgende Merkmale sind für uns jedoch wesentlich:

Teams haben eine gemeinsame Aufgabe und ein gemeinsames Ziel. Die Aufgabe ist komplex und erfordert vielseitige Kompetenzen. Sie wird arbeitsteilig, aber vernetzt, von den Mitgliedern gelöst. Zur Arbeitsteilung gehören unterschiedliche Funktionen und Rollen. Es gibt wechselseitige Abhängigkeiten und gegenseitige Verantwortung. Das Ziel kann nur gemeinsam erreicht werden. Ein Team hat keine oder nur eine flache Hierarchie.

Wie der Begriff »Team« selbst sind diese Merkmale auf zwei Ebenen zu verstehen: Zum einen bezeichnen sie formale Aspekte, also direkt zu beobachtende und zu steuernde Bedingungen. Zum anderen haben sie einen qualitativen Anteil, und das ist etwas, was kaum von außen zu beobachten und nur indirekt zu beeinflussen ist. »Team« – in dem Begriff schwingt etwas mit: eine angenehme Arbeitsatmosphäre, kollegiale Beziehungen, Verlässlichkeit. Teamentwicklung bewegt sich zwischen den beiden Ebenen und versucht, sie zu integrieren.

Das Merkmal des Teams, keine oder nur eine flache Hierarchie zu haben, wirft die Frage auf, ob auch die Leitung zum Team gehört. Oder, anders gefragt: Wie viel Leitung verträgt ein Team?

In der Praxis stößt man grob typisiert, auf zwei Ausprägungen: Die Leitung der Einrichtung nimmt ihre Führungsfunktion nicht wahr und versteckt sich hinter einer Teamideologie. Typischer Ausdruck: »Wir als Team…« Das kann eine Fülle von Problemen aufwerfen, zum Beispiel Unverbindlichkeit oder auch das Entstehen einer heimlichen »Hackordnung«.

Das andere Extrem: Die Leitung der Einrichtung ignoriert die Eigenverantwortlichkeit und Kompetenzen der Mitarbeiterinnen. Typischer Ausdruck dafür: »Mein Team…« Auch hier gibt es bezeichnende Folgeprobleme, z.B. Fluktuation. Die kreativsten Köpfe verlassen das Team.

In einer Kindertagesstätte ist es wegen der engen Verknüpfung der Aufgaben meistens nicht sinnvoll, in Teamentwicklungsprozessen Leitung und Teammitglieder zu trennen. Wir raten Ihnen jedoch dazu, auch nicht vorschnell Gleichheit zu unterstellen, weil dies die unterschiedlichen Funktionen der Einzelnen verwischt. Im Kapitel 5 finden Sie weitere Hinweise zur Leitungsfunktion.

Mit dem Begriff Team ist in der Regel eine kleinere Gruppe von Mitarbeiterinnen gemeint. Die Kommunikation ist dabei umso dichter, je geringer die Personenanzahl ist. (Zur besonderen Situation größerer Teams finden Sie Erläuterungen und Verfahrensweisen in Kapitel 6.)

Eine gute Mischung von gegenseitiger Anregung und Überschaubarkeit erreicht man bei fünf bis neun Mitgliedern. Mit den Worten des Leiters einer kreativen Computerschmiede ausgedrückt: »Keine Organisation ist über die Größenordnung hinaus handlungsfähig, die es erlaubt, alle Hauptpersonen in einem Raum zu versammeln, um sämtliche strittigen Punkte durchzupeitschen, bevor man wieder nach Hause geht!« (Bennis/Biederman, S. 85)

## Was Teams von Orchestern lernen können

Die Musiker eines guten Orchesters sind als Einzelne Könner auf ihrem Instrument. Aber nur wenn sie fähig sind, sich aufeinander einzustimmen, entsteht eine harmonische Melodie. Diese Stärke zeigt sich insbesondere beim Improvisieren, dem gemeinsamen spontanen Erfinden von Musik.

Übertragen auf das Team heißt das: Seine, auch von der Außenwelt wahrnehmbare, Stärke liegt in der individuellen Qualifikation und der Teamfähigkeit jedes Mitglieds.

Manchmal wird behauptet, Sympathie sei für das Funktionieren eines Teams entscheidend. Damit wäre Teamerfolg gleich bedeutend mit Freundschaft. Die Erforschung von Prozessen der Teamentwicklung zeigt aber, dass auch Menschen, die außerhalb des Berufs wenig gemeinsam haben, im Team sehr produktive Beziehungen eingehen können. Musiker müssen vor allem ein gemeinsames Bild von ihrem Auftritt als Orchester haben. In der Teamentwicklung heißt das, eine Vision zu haben.

Peter M. Senge hält die »Ausrichtung« eines Teams für wesentlich: Gelingt es den Mitgliedern, ihren Energien eine einheitliche Richtung zu geben oder blockieren sie sich gegenseitig? Ohne eine gemeinsame Ausrichtung entsteht auch bei noch so fähigen und engagierten Solisten Beliebigkeit und Dissonanz.

Nicht in erster Linie die gegenseitige Sympathie, sondern **spezielle Fähigkeiten** ermöglichen ein gutes Zusammenspiel. Wie im Orchester kommt es auch in anderen Teams darauf an, wie der Einzelne sein Instrument beherrscht (individuelle Fachkompetenz); wie die Einzelnen sich aufeinander beziehen, einander zuhören, sich anpassen, eine Balance zwischen dem Hervortun und dem Zurücknehmen finden (soziale Kompetenz); wie das Team seine Zusammenarbeit auswertet, sich gegenseitig Feedback gibt und danach strebt, sich als Team zu verbessern (soziale und methodische Kompetenz).

Hinzu kommt: Durch gute Koordination und Steuerung kann das Team diese Fähigkeiten immer noch weiter entwickeln (Hilfen für die Leitungstätigkeit finden Sie in Kapitel 5).

## Was kennzeichnet ein TOP-Team?

Was ein Team erfolgreich macht, ist umfassend untersucht worden. Auch wenn jedes seinen eigenen Weg zum Erfolg finden muss, gibt es allgemeine Faktoren, die wir Ihnen hier vorstellen.

## Kompetenz und Motivation

Wie Sie bereits in unserem Vergleich mit einem Orchester gesehen haben, finden sich in einem TOP-Team ausgeprägte soziale Kompetenzen (vgl. Harald Butzko, 1991):

**Kommunikationsfähigkeit:**
Die Teammitglieder sprechen eine gemeinsame Sprache. Die Kommunikation ist vom Willen zum Verstehen und zur Loyalität bestimmt.

**Kooperation:**
Die Mitglieder wissen, dass sie das gemeinsame Ziel nur gemeinsam erreichen können. Auch, und manchmal gerade, weil sie nicht immer einer Meinung sind, halten sie an der Zusammenarbeit fest.

**Wille zum Erfolg und Leistungsbereitschaft:**
Die Teammitglieder fühlen sich berufen, genau diese Arbeit zu tun. Man schaut eher auf die Aufgabe als auf die Uhr.

**Selbstwertgefühl und Anerkennung:**
Die Mitglieder sind stolz auf ihre individuellen wie kollektiven Kompetenzen und können deshalb auch ihre eigenen Grenzen tolerieren. Gegenseitige Anerkennung schafft Beziehungen. Fehler werden als Möglichkeiten des Lernens und nicht als Versagen gewertet.

**Konfliktregelung**:
Das Team kann Konflikte konstruktiv lösen. Es ist entscheidungsfreudig. Offene Fragen werden nach einer intensiven Erörterung verbindlich entschieden und produktiv gelöst.

In einem späteren Abschnitt (S. 75) finden sie einen Einschätzungsbogen auf der Basis dieser Merkmale. Mit seiner Hilfe können Sie einschätzen, welche Kennzeichen auf Ihr Team zutreffen.

Diese Merkmale korrespondieren übrigens auffällig mit den Ergebnissen der »Delphi-Befragung« des Bundesministeri-

## Kompetenz und Motivation

Wie Sie bereits in unserem Vergleich mit einem Orchester gesehen haben, finden sich in einem TOP-Team ausgeprägte soziale Kompetenzen (vgl. Harald Butzko, 1991):

**Kommunikationsfähigkeit:**
Die Teammitglieder sprechen eine gemeinsame Sprache. Die Kommunikation ist vom Willen zum Verstehen und zur Loyalität bestimmt.

**Kooperation:**
Die Mitglieder wissen, dass sie das gemeinsame Ziel nur gemeinsam erreichen können. Auch, und manchmal gerade, weil sie nicht immer einer Meinung sind, halten sie an der Zusammenarbeit fest.

**Wille zum Erfolg und Leistungsbereitschaft:**
Die Teammitglieder fühlen sich berufen, genau diese Arbeit zu tun. Man schaut eher auf die Aufgabe als auf die Uhr.

**Selbstwertgefühl und Anerkennung:**
Die Mitglieder sind stolz auf ihre individuellen wie kollektiven Kompetenzen und können deshalb auch ihre eigenen Grenzen tolerieren. Gegenseitige Anerkennung schafft Beziehungen. Fehler werden als Möglichkeiten des Lernens und nicht als Versagen gewertet.

**Konfliktregelung**:
Das Team kann Konflikte konstruktiv lösen. Es ist entscheidungsfreudig. Offene Fragen werden nach einer intensiven Erörterung verbindlich entschieden und produktiv gelöst.

In einem späteren Abschnitt (S. 75) finden sie einen Einschätzungsbogen auf der Basis dieser Merkmale. Mit seiner Hilfe können Sie einschätzen, welche Kennzeichen auf Ihr Team zutreffen.

Diese Merkmale korrespondieren übrigens auffällig mit den Ergebnissen der »Delphi-Befragung« des Bundesministeri-

ums für Bildung und Forschung (1998). Zu den wichtigsten Wissens- und Kompetenzbereichen der Zukunft gehören nach Ansicht der befragten Experten personale und soziale Kompetenzen.

Zu den personalen Kompetenzen werden unter anderem folgende gezählt: Selbstbewusstsein, Handlungskompetenz, Selbstmanagement, Neugier, Reflexionsfähigkeit.

Als soziale Kompetenzen werden beispielsweise genannt: Teamfähigkeit, Selbstdarstellung, Toleranz, Solidarität und Verantwortungsbereitschaft.

Sie werden in der Entwicklung Ihres Teams kaum vorankommen, wenn Ihre Mitarbeiterinnen überwiegend kooperationsunwillig und -unfähig sind. Bei aller Fachkompetenz muss eine Mitarbeiterin auch bereit sein, »gemeinsam mit den anderen im Sandkasten zu spielen«, wie es einmal der Personalchef einer großen Firma ausdrückte. Sie als die Verantwortliche für das Team und seine Entwicklung sollten deshalb bereits bei der Bewerbung neuer Mitarbeiter auf diese Kompetenzen Wert legen. Damit schaffen Sie die Voraussetzung, auf deren Basis sich ein Team entwickelt.

## Klare Rahmenbedingungen

Auch hervorragende Mitarbeiterinnen können nur dann Leistung erbringen, wenn die Rahmenbedingungen stimmen. Aufgrund ihrer Untersuchungen benennt Ruth Wageman (1999) unter anderem folgende Erfolgsfaktoren, für die in erster Linie der Anstellungsträger sorgen muss:

**Die klare, verbindliche Zielrichtung:** Das Team versteht, wozu es da ist. Das Ziel ist klar formuliert und kann auch von den Teammitgliedern benannt werden.

**Eine echte Teamaufgabe:** Die Rahmenbedingungen sind so gestaltet, dass Teamarbeit sowohl erforderlich als auch sinnvoll ist. Wechselseitige Unterstützung und die Selbstverwaltung eines Budgets sind Kennzeichen vieler erfolgreicher Teams.

**Prämien für hervorragende Teamarbeit:** Der gemeinsam erreichte Erfolg schlägt sich in einer erfolgs- und teambezogenen Entlohnung nieder. Dieser Faktor grenzt sich einerseits von der individuellen Entlohnung ab, die (überwiegend in der gewerblichen Wirtschaft) Teamarbeit torpediert. Andererseits ist es ein kritischer Faktor für den öffentlichen Bereich, der erfolgsbezogene Teamvergütungen bisher kaum kennt.

## Kompetente Leitung

Ein TOP-Team hat in der Regel eine Leitung, die eine richtige Mischung aus Fördern und Fordern umsetzt.

Wenn sich das Team aus Experten zusammensetzt – wir betrachten Erzieherinnen als Expertinnen für die Arbeit mit Kindern – lässt die Leitung ihnen den Spielraum, den sie benötigen. Denn offensichtlich entfaltet sich Kreativität dort am besten, wo die Mitglieder des Teams trotz einer klaren Aufgabenstellung ein Gefühl für ihre Autonomie behalten (können).

Die Leitung führt dann an geeigneten Stellen die Informationen zusammen. Für den Bereich von Kindertageseinrichtungen hat der »Kronberger Kreis für Qualitätsentwicklung« ein Evaluationsinstrument entwickelt. Es beschreibt unter anderem exzellente Leitungspraxis aus der Sicht des Kronberger Kreises und kann für Sie eine Hilfe sein, Ihre eigene Arbeit zu reflektieren.

## Lösung der anstehenden Aufgaben

Ein TOP-Team bewältigt die Anforderungen, die mit seiner Aufgabe zusammenhängen, umfassend und verbessert sich ständig. Dazu gehören vor allem folgende Arbeiten:

Rollen und Funktionen der beteiligten Teammitglieder eindeutig beschreiben,
Arbeiten sachgerecht verteilen und organisieren,
Informationsmanagement einrichten: Informationsverhalten vereinbaren und einhalten,
Entscheidungsverfahren vereinbaren und einhalten,
Besprechungen ergiebig gestalten,
Probleme genau analysieren und bearbeiten,
Denken in Prozessen anstelle des Verharrens in »Kästchen« und Zuständigkeiten,
Evaluation: ständige, prozessbezogene Überprüfung von Arbeitsweisen, -ergebnissen und von »weichen« Faktoren wie Teamkultur und Atmosphäre.

## Ausbalanciertes Arbeitsverhalten

In einem TOP-Team sind das »Ich«, das »Wir« und das »Es« (die Aufgabe des Teams) in einem harmonischen Gleichgewicht. Diese Vorstellung orientiert sich an der Themenzentrierten Interaktion (TZI).

Das TZI-Modell wurde von Ruth Cohn entwickelt und ist ein Verfahren zum lebendigen Lernen und Arbeiten in Gruppen auf der Basis eines humanistischen Menschenbildes.

Das TZI-Strukturmodell

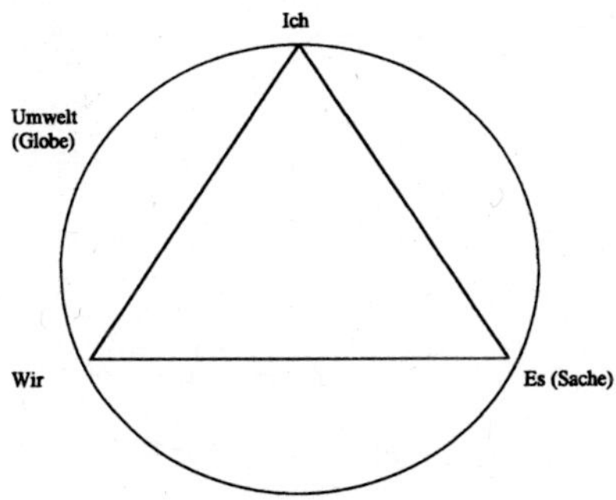

Vechselseitige Unterstützung und die Selbstverwaltung
; Budgets sind Kennzeichen vieler erfolgreicher Teams.
**ämien für hervorragende Teamarbeit:** Der gemeinsam
chte Erfolg schlägt sich in einer erfolgs- und teambezoge-
Entlohnung nieder. Dieser Faktor grenzt sich einerseits
der individuellen Entlohnung ab, die (überwiegend in der
:rblichen Wirtschaft) Teamarbeit torpediert. Andererseits
ein kritischer Faktor für den öffentlichen Bereich, der er-
bezogene Teamvergütungen bisher kaum kennt.

## Kompetente Leitung

TOP-Team hat in der Regel eine Leitung, die eine richtige
:hung aus Fördern und Fordern umsetzt.
:nn sich das Team aus Experten zusammensetzt – wir be-
ıten Erzieherinnen als Expertinnen für die Arbeit mit Kin-
– lässt die Leitung ihnen den Spielraum, den sie benöti-
Denn offensichtlich entfaltet sich Kreativität dort am be-
wo die Mitglieder des Teams trotz einer klaren Aufgaben-
ıng ein Gefühl für ihre Autonomie behalten (können).
e Leitung führt dann an geeigneten Stellen die Informa-
:n zusammen. Für den Bereich von Kindertageseinrich-
;en hat der »Kronberger Kreis für Qualitätsentwicklung«
:valuationsinstrument entwickelt. Es beschreibt unter an-
m exzellente Leitungspraxis aus der Sicht des Kronberger
ses und kann für Sie eine Hilfe sein, Ihre eigene Arbeit zu
ktieren.

## Lösung der anstehenden Aufgaben

TOP-Team bewältigt die Anforderungen, die mit seiner
;abe zusammenhängen, umfassend und verbessert sich
dig. Dazu gehören vor allem folgende Arbeiten:

- Rollen und Funktionen der beteiligten Teammitglieder eindeutig beschreiben,
- Arbeiten sachgerecht verteilen und organisieren,
- Informationsmanagement einrichten: Informationsverhalten vereinbaren und einhalten,
- Entscheidungsverfahren vereinbaren und einhalten,
- Besprechungen ergiebig gestalten,
- Probleme genau analysieren und bearbeiten,
- Denken in Prozessen anstelle des Verharrens in »Kästchen« und Zuständigkeiten,
- Evaluation: ständige, prozessbezogene Überprüfung von Arbeitsweisen, -ergebnissen und von »weichen« Faktoren wie Teamkultur und Atmosphäre.

## Ausbalanciertes Arbeitsverhalten

In einem TOP-Team sind das »Ich«, das »Wir« und das »Es« (die Aufgabe des Teams) in einem harmonischen Gleichgewicht. Diese Vorstellung orientiert sich an der Themenzentrierten Interaktion (TZI).

Das TZI-Modell wurde von Ruth Cohn entwickelt und ist ein Verfahren zum lebendigen Lernen und Arbeiten in Gruppen auf der Basis eines humanistischen Menschenbildes.

Das TZI-Strukturmodell

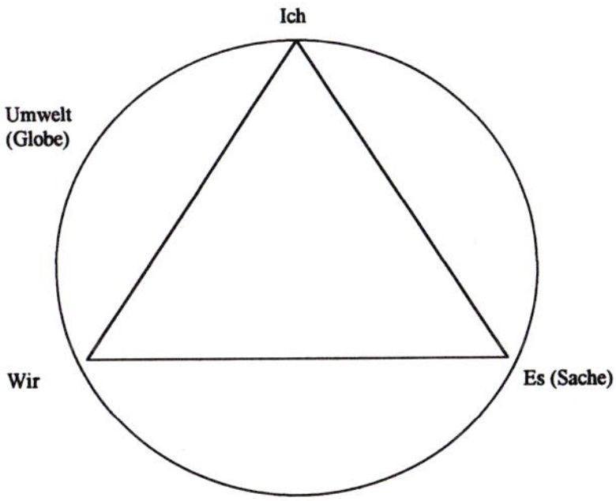

Der Kreis, in dem die Faktoren Ich – Wir – Es sich befinden, steht für die Umwelt der Gruppe. Alle vier Bezugspunkte beeinflussen sich gegenseitig. Lebendige Gruppen arbeiten dynamisch, die Aufmerksamkeit richtet sich mal mehr auf den einen, mal mehr auf den anderen Bezugspunkt. Die Teammitglieder sorgen jedoch selbst dafür, dass die Balance immer wieder hergestellt wird. Wenn zum Beispiel ein Gruppenmitglied längere Zeit die Aufmerksamkeit aller fordert oder ein Thema ohne Rücksicht auf die Befindlichkeit der Teammitglieder »durchgepaukt« wird, nimmt die Gruppe dies als Störung wahr.

In vielen Gruppen ertragen die Mitglieder solche Störungen und warten ab, was die Leitung unternimmt. In einem TOP-Team fühlt sich jeder verantwortlich für das Gelingen der gemeinsamen Arbeit.

Ruth Cohn hat zu dieser Haltung zwei »existentielle Postulate« formuliert, die inzwischen weit über die TZI hinaus anerkannt sind:

Das erste Postulat: » Sei dein eigener Chairman, der Chairman deiner selbst.«

Das zweite Postulat: »Beachte Hindernisse auf deinem Weg, deine eigenen und die von anderen. Störungen haben Vorrang (ohne ihre Lösung wird Wachstum erschwert oder verhindert).« (Cohn, S. 120f.)

Die Themenzentrierte Interaktion hat praktische Hilfsregeln für eine erfolgreiche Gruppenarbeit entwickelt, die Sie in einem Test im Kapitel 11 finden.

## Kann man gute Teamarbeit lernen?

Vielleicht ist Ihnen deutlich geworden, dass gute Teamarbeit bestimmte Bedingungen und Fähigkeiten braucht. Möglicherweise fragen Sie sich jetzt, wie Ihr Team diese entwickeln kann. Dafür ist inzwischen der Begriff »Teamlernen« gebräuchlich.

Aber kann eine Gruppe denn überhaupt lernen? Natürlich ist individuelles Lernen die Grundlage für die Entwicklung eines Teams. Gruppen haben aber darüber hinaus spezielle Formen, sich Neues anzueignen. Jedes Team entwickelt eine Art kollektives Gedächtnis, das seine bedeutsamen Erfahrungen und Erlebnisse speichert, einen Verständigungscode und gemeinsame Einstellungen, mit deren Hilfe es neue Informationen filtert. Erfolgreiche Teams haben eine besondere Art, mit- und voneinander zu lernen.
Ein Beispiel soll verdeutlichen, worum es geht.

Das Team einer Kita hat unter großer Anstrengung, mit Überstunden und Hektik, einen Weihnachtsbasar vorbereitet. Nachdem es geschafft ist, sind die persönlichen »Batterien« leer. Die nächste Teamsitzung fällt aus, um die Überstunden auszugleichen. Später wertet das Team aus, was nicht geklappt hat, um es beim nächsten Mal besser zu machen. Die Leiterin gibt bekannt, wie viel Geld eingenommen wurde und bittet um Vorschläge für die Verwendung. Einige Kolleginnen berichten von kalten Füßen, von netten und unangenehmen Gesprächen mit Eltern.

So wie in diesem Beispiel werten viele Teams ihre Aktivitäten nur auf der Sachebene, eventuell sogar nur als Fehleranalyse, aus. Sie nehmen ihre Erfahrungen nicht als Gruppenleistung wahr. Viele Teams feiern Erfolge, Anstrengungen und gelungene Zusammenarbeit zu wenig.

Teamlernen geschieht im Wechsel von Aktion und Reflexion. **Ein Team, das niemals – oder nur in Krisen – auswertet, wie es zusammenarbeitet, kann die bisher beschriebenen Kompetenzen nicht entwickeln.**

Dabei kommt es nicht nur auf die Quantität an, sondern auf die Gewohnheit, Aktivitäten regelmäßig auszuwerten. Hinweise, wie dies zum Beispiel am Ende von Teamsitzungen in einem kurzen Feedback geschieht, finden Sie im Kapitel 10.

Teams müssen sich darüber hinaus Zeit nehmen, sich ohne Entscheidungs- oder Handlungszwang auszutauschen. Teamtage sollten langfristig so geplant werden, dass in konzeptionellen Fragen wirkliches Durchdenken der Probleme möglich ist, also eine Betrachtung aus verschiedenen Perspektiven.

Neben der Besprechung von pädagogischen Fragen braucht ein Team jährlich mindestens einmal Zeit zum Nachdenken über Fragen wie: Was sind wir für ein Team? Wie geht es uns miteinander? Wie kommunizieren und entscheiden wir?

Gut arbeitende Gruppen entwickeln so mit der Zeit »mentale Landkarten«. Darunter versteht man gemeinsame Grundannahmen über die Wirklichkeit. Die Teammitglieder haben sich ein gemeinsames Verständnis zu zentralen Begriffen ihrer Arbeit wie »Selbständigkeit« oder »Erziehungspartnerschaft« erarbeitet. Solche gemeinsamen Lernprozesse lassen sich nicht durch Fachbücher oder individuelle Fortbildungen ersetzen, ähnlich wie persönliche Einstellungen das Handeln eines Menschen lenken, steuern diese Einstellungen des Teams sein alltägliches Handeln.

Heißt das nun, alle müssten das Gleiche denken? Teamlernen als Entwicklung gemeinsamer Einstellungen bedeutet nicht, Unterschiede zu einem Minimalkonsens einzuebnen. Eine Gruppe wird gerade durch Persönlichkeiten mit unterschiedlichen Stärken und Ansichten lebendig und bunt. Aus der Reibung an unterschiedlichen Auffassungen entsteht Neues.

»We agree to disagree« heißt eine englische Redewendung. Sie besagt, dass man mit Unterschieden respektvoll umgehen kann.

Erfolgreiche Teams teilen folgende Grundannahmen über Kommunikation und Kooperation:

- Meinungen sind nicht richtig oder falsch, sondern spiegeln persönliche Erfahrungen und Werte wider.
- Jedes Thema und Problem können wir aus verschiedenen Perspektiven betrachten.

ns müssen sich darüber hinaus Zeit nehmen, sich ohne ;cheidungs- oder Handlungszwang auszutauschen. Team- sollten langfristig so geplant werden, dass in konzeptio- :n Fragen wirkliches Durchdenken der Probleme möglich ılso eine Betrachtung aus verschiedenen Perspektiven.

:ben der Besprechung von pädagogischen Fragen braucht Team jährlich mindestens einmal Zeit zum Nachdenken : Fragen wie: Was sind wir für ein Team? Wie geht es uns :inander? Wie kommunizieren und entscheiden wir?

ıt arbeitende Gruppen entwickeln so mit der Zeit »menta- andkarten«. Darunter versteht man gemeinsame Grun- nahmen über die Wirklichkeit. Die Teammitglieder haben ein gemeinsames Verständnis zu zentralen Begriffen ihrer eit wie »Selbständigkeit« oder »Erziehungspartnerschaft« beitet. Solche gemeinsamen Lernprozesse lassen sich nicht :h Fachbücher oder individuelle Fortbildungen ersetzen, ich wie persönliche Einstellungen das Handeln eines ıschen lenken, steuern diese Einstellungen des Teams sein gliches Handeln.

:ißt das nun, alle müssten das Gleiche denken? Teamlernen Entwicklung gemeinsamer Einstellungen bedeutet nicht, :rschiede zu einem Minimalkonsens einzuebnen. Eine ppe wird gerade durch Persönlichkeiten mit unterschiedli- ı Stärken und Ansichten lebendig und bunt. Aus der Rei- g an unterschiedlichen Auffassungen entsteht Neues.

Ve agree to disagree« heißt eine englische Redewendung. )esagt, dass man mit Unterschieden respektvoll umgehen ı.

folgreiche Teams teilen folgende Grundannahmen über ımunikation und Kooperation:

einungen sind nicht richtig oder falsch, sondern spiegeln :rsönliche Erfahrungen und Werte wider.

des Thema und Problem können wir aus verschiedenen rspektiven betrachten.

- Wir gehen neugierig mit den Standpunkten anderer um und versuchen, ihre Beweggründe kennen zu lernen.
- Auch bei einem festen Standpunkt sind wir offen für neue Lösungen, die sich aus der Teamdiskussion ergeben können.

Gruppen mit einer entwickelten Kommunikations- und Feedback-Kultur erleben und nutzen ihre Unterschiede eher als Ergänzung und Bereicherung denn als Bedrohung.

## Was ist das nun genau: Teamentwicklung?

### Warum ist sie so wichtig?

Eine hohe Qualität der Kindertagesbetreuung lässt sich auf längere Sicht nur von einem leistungsfähigen und motivierten Team erbringen. Teamentwicklung geschieht aber nicht im Selbstlauf, in diese Aufgabe müssen Sie investieren. Wenn Sie als Leiterin die eine oder andere Übung dieses Buches in einer Teamsitzung verwenden, tun Sie schon etwas dafür.

Darüber hinaus brauchen Teams immer wieder größere Zeiteinheiten und externe Begleitung, um ihre Zusammenarbeit auszuwerten.

Unter Teamentwicklung im Sinne einer zielgerichteten Maßnahme verstehen wir den **Aufbau**, die **Förderung** und **Pflege** eines Teams.

Teamentwicklung leistet:

- gemeinsame Bestandsaufnahme der Teamsituation
- Klärung von Rollen und Funktionen
- Verbesserung der Beziehungen der Teammitglieder
- Erarbeitung organisatorischer Abläufe
- Vereinbarung verbindlicher und nützlicher Regeln und Arbeitsverfahren

- Wir gehen neugierig mit den Standpunkten anderer um und versuchen, ihre Beweggründe kennen zu lernen.
- Auch bei einem festen Standpunkt sind wir offen für neue Lösungen, die sich aus der Teamdiskussion ergeben können.

Gruppen mit einer entwickelten Kommunikations- und Feedback-Kultur erleben und nutzen ihre Unterschiede eher als Ergänzung und Bereicherung denn als Bedrohung.

## Was ist das nun genau: Teamentwicklung?

### Warum ist sie so wichtig?

Eine hohe Qualität der Kindertagesbetreuung lässt sich auf längere Sicht nur von einem leistungsfähigen und motivierten Team erbringen. Teamentwicklung geschieht aber nicht im Selbstlauf, in diese Aufgabe müssen Sie investieren. Wenn Sie als Leiterin die eine oder andere Übung dieses Buches in einer Teamsitzung verwenden, tun Sie schon etwas dafür.

Darüber hinaus brauchen Teams immer wieder größere Zeiteinheiten und externe Begleitung, um ihre Zusammenarbeit auszuwerten.

Unter Teamentwicklung im Sinne einer zielgerichteten Maßnahme verstehen wir den **Aufbau**, die **Förderung** und **Pflege** eines Teams.

Teamentwicklung leistet:
- gemeinsame Bestandsaufnahme der Teamsituation
- Klärung von Rollen und Funktionen
- Verbesserung der Beziehungen der Teammitglieder
- Erarbeitung organisatorischer Abläufe
- Vereinbarung verbindlicher und nützlicher Regeln und Arbeitsverfahren

- Bearbeitung von Störungen und Hemmnissen der Weiterentwicklung

Jede Teamentwicklung zielt auf die Herstellung bzw. Verbesserung der Arbeitsfähigkeit eines Teams. Im Mittelpunkt stehen Fragen, die sich auf das Team als Ganzes beziehen – im Gegensatz zur Personalentwicklung. Dort geht es darum, die Kompetenzen des Einzelnen zu fördern.

Dennoch beziehen Teamentwicklungsmaßnahmen die Sichtweisen und Absichten der einzelnen Mitglieder intensiv ein, so dass auch die einzelne Mitarbeiterin einen Kompetenzzuwachs erlebt oder ihre Beziehungen zu den anderen verbessern kann.

Abschließend stellen wir Ihnen in verallgemeinerter Form Schritte der Teamentwicklung vor.

## Teamentwicklung: Schritt für Schritt

### 1. Die Diagnose

Die Mitglieder beschreiben gemeinsam den Zustand des Teams: Was läuft bei uns gut? Womit sind wir nicht zufrieden, was behindert uns?

Wichtige Grundsätze: Alle beteiligen sich. Meinungen werden nicht bewertet. Es sollen noch keine Lösungen vorgeschlagen werden.

### 2. Die Auswahl von Themen, die das Team bearbeiten will

Das Team einigt sich auf eine Frage oder mehrere Themen, für die es neue Wege finden will.

### 3. Ein gemeinsames Verständnis des Problems entwickeln

Nun kommt es darauf an, über die verschiedenen Perspektiven, Aspekte und Informationen zu einer gemeinsamen Problembeschreibung zu kommen und einen Veränderungswunsch zu formulieren. In dieser Phase sind die kommunikativen Fähigkeiten aller Teammitglieder besonders gefragt. Wenn es einzelnen Beteiligten dabei nur ums Rechthaben geht, entsteht kein Dialog. Solche Kommunikationsstörungen werden dann auch zum Thema eines Teamentwicklungsprozesses.

Wichtige Kompetenzen der Einzelnen sind zum Beispiel aktives Zuhören, Wahrnehmen und Aussprechen eigener und fremder Gefühle und das Wechseln der Perspektive. Gelingt dieser Prozess, dann entsteht aus den Teilen des Puzzles ein gemeinsames Bild.

### 4. Entwicklung von Lösungsvorschlägen

Problemlösungen beschreiben ein Soll, einen wünschenswerten zukünftigen Zustand. Genau wie beim vorangegangenen Schritt braucht das Team Zeit, verschiedene Lösungen zu entwickeln, Vor- und Nachteile und mögliche Auswirkungen zu bewerten und alle einzubeziehen. Möglicherweise erkennt das Team, dass es Fortbildung braucht, um notwendige Kompetenzen zu erwerben (etwa zu Konfliktlösungsstrategien).

### 5. Entscheiden

Die Problemlösung bzw. die möglichen Alternativen müssen konkret und handlungsbezogen formuliert werden. Je abstrakter und allgemeiner ein Vorschlag ist, desto größer die Wahrscheinlichkeit, dass er nur ein wirkungsloser Appell bleibt.

Hinweise zu verschiedenen Entscheidungsverfahren in Gruppen finden Sie im Kapitel 7.

### 6. Umsetzung

Jedes Teammitglied weiß nun konkret, was es in Zukunft tun oder auch unterlassen will. Die erfolgreiche Umsetzung wird zum Beispiel durch neue Kooperationen, Verhaltensweisen und auch durch die Stimmung im Team sichtbar.

### 7. Auswertung

Zu einem vereinbarten Zeitpunkt wertet das Team gemeinsam aus, ob und wie es seine Vorhaben umgesetzt hat: Was haben wir geschafft? Wie hat sich die Veränderung auf die Arbeitszufriedenheit, auf Leistungsfähigkeit und Atmosphäre ausgewirkt?

Vielleicht entsteht hier schnell ein gemeinsames Bild, möglicherweise gibt es aber auch Differenzen. Wie schon am Anfang, bei der Diagnose, sind auch hier die Wahrnehmungen und Erfahrungen aller wichtig und richtig.

Aus der Auswertung ergeben sich neue Themen, die das Team zukünftig bearbeiten will.

# 2 Entwicklungsphasen von Teams

Teams sind lebendige Systeme. Sie verändern sich, wachsen und reifen. Dieser Prozess ist in jedem Team einmalig. Es lassen sich aber verschiedene typische Phasen unterscheiden. Wir orientieren uns in diesem Kapitel am Entwicklungsmodell von Francis/Young (1992).

## Vier Phasen der Teamentwicklung

### Orientierungs- oder Testphase

Zu Beginn eines Gruppenprozesses verhalten sich die meisten Menschen eher vorsichtig und konventionell. Sie versuchen herauszubekommen, wer die anderen sind und was sie vom Team erwarten. Verhaltensweisen und Meinungsäußerungen werden genau beobachtet. Jeder versucht auf diese Weise, seinen Platz im Team zu finden.

Merkmale dieser Phase:

- Orientierung an vorgegebenen Strukturen und Regeln
- starke Orientierung an der formalen Leitung
- geringe Leistungsfähigkeit
- geringe Entscheidungs- und Problemlösungsfähigkeit
- hohes Informationsbedürfnis

**Entwicklungsaufgabe:**

- Kennenlernen und Klären gegenseitiger Erwartungen
- Vereinbaren von Rahmenbedingungen und ersten Regeln

ɜise zu verschiedenen Entscheidungsverfahren in Grup-
nden Sie im Kapitel 7.

### 6. Umsetzung

Teammitglied weiß nun konkret, was es in Zukunft tun ıuch unterlassen will. Die erfolgreiche Umsetzung wird Beispiel durch neue Kooperationen, Verhaltensweisen uch durch die Stimmung im Team sichtbar.

### 7. Auswertung

ıem vereinbarten Zeitpunkt wertet das Team gemeinsam b und wie es seine Vorhaben umgesetzt hat: Was haben :schafft? Wie hat sich die Veränderung auf die Arbeitszu-nheit, auf Leistungsfähigkeit und Atmosphäre ausge-

leicht entsteht hier schnell ein gemeinsames Bild, mögli-ꞌeise gibt es aber auch Differenzen. Wie schon am An-bei der Diagnose, sind auch hier die Wahrnehmungen :rfahrungen aller wichtig und richtig.

der Auswertung ergeben sich neue Themen, die das zukünftig bearbeiten will.

# 2 Entwicklungsphasen von Teams

Teams sind lebendige Systeme. Sie verändern sich, wachsen und reifen. Dieser Prozess ist in jedem Team einmalig. Es lassen sich aber verschiedene typische Phasen unterscheiden. Wir orientieren uns in diesem Kapitel am Entwicklungsmodell von Francis/Young (1992).

## Vier Phasen der Teamentwicklung

### Orientierungs- oder Testphase

Zu Beginn eines Gruppenprozesses verhalten sich die meisten Menschen eher vorsichtig und konventionell. Sie versuchen herauszubekommen, wer die anderen sind und was sie vom Team erwarten. Verhaltensweisen und Meinungsäußerungen werden genau beobachtet. Jeder versucht auf diese Weise, seinen Platz im Team zu finden.

Merkmale dieser Phase:

- Orientierung an vorgegebenen Strukturen und Regeln
- starke Orientierung an der formalen Leitung
- geringe Leistungsfähigkeit
- geringe Entscheidungs- und Problemlösungsfähigkeit
- hohes Informationsbedürfnis

**Entwicklungsaufgabe:**

- Kennenlernen und Klären gegenseitiger Erwartungen
- Vereinbaren von Rahmenbedingungen und ersten Regeln

## Nahkampf- oder Konfliktphase

Sobald sich die Teammitglieder besser kennen, geben sie ihre Zurückhaltung mehr und mehr auf. Nun treten Unterschiede und Gegensätze zutage. Die Gruppe setzt sich verdeckt oder offen mit Themen wie Einfluss, Status, Normen und Regeln auseinander. Diese Phase wird als anstrengend und oft auch frustrierend erlebt.

Merkmale dieser Phase:

- geringe Entscheidungs- und Problemlösungsfähigkeit
- Bündnisse und Koalitionen
- Kampf um Führungsrollen

**Entwicklungsaufgabe:**

- Konflikt- und Streitkultur einüben
- passende Teamstrukturen und -rollen verhandeln

## Organisierungsphase

Gelingt es dem Team, seine Konflikte produktiv zu lösen, kann es effektiv arbeiten. Es ist nun in der Lage, sich auf gemeinsame Ziele zu einigen. Die Gruppe entwickelt Rituale und Regeln des Umgangs miteinander. Die Teammitglieder erkennen einander in ihren Kompetenzen zunehmend an und akzeptieren gegenseitig ihre Rollen. Zunehmend prägen erprobte Abläufe die Zusammenarbeit.

Merkmale dieser Phase:

- wachsende Leistungsfähigkeit
- Identifikation mit dem Team
- Verbindlichkeit und gemeinsame Ziele

**Entwicklungsaufgabe:**

- das Team schafft sich eine unverwechselbare Gestalt

## Nahkampf- oder Konfliktphase

ald sich die Teammitglieder besser kennen, geben sie ihre ückhaltung mehr und mehr auf. Nun treten Unterschiede Gegensätze zutage. Die Gruppe setzt sich verdeckt oder n mit Themen wie Einfluss, Status, Normen und Regeln inander. Diese Phase wird als anstrengend und oft auch trierend erlebt.

kmale dieser Phase:

ringe Entscheidungs- und Problemlösungsfähigkeit

indnisse und Koalitionen

ampf um Führungsrollen

**wicklungsaufgabe:**

onflikt- und Streitkultur einüben

ssende Teamstrukturen und -rollen verhandeln

## Organisierungsphase

ngt es dem Team, seine Konflikte produktiv zu lösen, n es effektiv arbeiten. Es ist nun in der Lage, sich auf gensame Ziele zu einigen. Die Gruppe entwickelt Rituale Regeln des Umgangs miteinander. Die Teammitglieder nnen einander in ihren Kompetenzen zunehmend an und eptieren gegenseitig ihre Rollen. Zunehmend prägen erote Abläufe die Zusammenarbeit.

kmale dieser Phase:

achsende Leistungsfähigkeit

entifikation mit dem Team

erbindlichkeit und gemeinsame Ziele

**wicklungsaufgabe:**

as Team schafft sich eine unverwechselbare Gestalt

## Integrationsphase

Hier erlebt sich ein Team zunehmend als Ganzheit (»Wir-Gefühl«). Die Beziehungen sind von gegenseitigem Vertrauen geprägt. Das Team kann mit den Anforderungen der Umwelt flexibel umgehen und hat Freude daran, sich in seinen Fähigkeiten gegenseitig zu ergänzen. Die Mitglieder sind in der Lage, gegenseitig Anerkennung und Kritik auszusprechen und zu nutzen. Alle übernehmen Verantwortung für die Steuerung und Weiterentwicklung der Gruppe.

Merkmale dieser Phase:
- hohe Leistungsfähigkeit
- persönliches Engagement und hohe Lernbereitschaft
- ausgeprägte Individualität und Gruppenidentifikation sind kein Gegensatz

**Entwicklungsaufgabe:**
- Offenheit gegenüber der Außenwelt erhalten

## Übung: Die Teamentwicklungsuhr

**Aufgabe:**
Jedes Teammitglied schätzt ein, in welcher Phase das Team sich befindet. Die Uhrzeiten ermöglichen eine differenzierte Positionierung.

### Integrationsphase

Hier erlebt sich ein Team zunehmend als Ganzheit (»Wir-Gefühl«). Die Beziehungen sind von gegenseitigem Vertrauen geprägt. Das Team kann mit den Anforderungen der Umwelt flexibel umgehen und hat Freude daran, sich in seinen Fähigkeiten gegenseitig zu ergänzen. Die Mitglieder sind in der Lage, gegenseitig Anerkennung und Kritik auszusprechen und zu nutzen. Alle übernehmen Verantwortung für die Steuerung und Weiterentwicklung der Gruppe.

Merkmale dieser Phase:

- hohe Leistungsfähigkeit
- persönliches Engagement und hohe Lernbereitschaft
- ausgeprägte Individualität und Gruppenidentifikation sind kein Gegensatz

**Entwicklungsaufgabe:**

- Offenheit gegenüber der Außenwelt erhalten

### Übung: Die Teamentwicklungsuhr

**Aufgabe:**

Jedes Teammitglied schätzt ein, in welcher Phase das Team sich befindet. Die Uhrzeiten ermöglichen eine differenzierte Positionierung.

**Auswertung:**
Auf einem Plakat mit der Teamentwicklungsuhr werden die persönlichen Markierungen eingetragen. Daran schließt sich eine Diskussion an.

**Auswertungsfragen:**
Wie geht es jeder von uns in dieser Phase?
Welche Erfahrungen haben zu unterschiedlichen Positionierungen geführt?
Was können wir tun, um als Team weiterzukommen?
Welche Hindernisse müssen wir dazu überwinden?

**Variation:**
Sie können die Uhr auch verwenden, um zu besprechen, wie einzelne Mitarbeiterinnen in das Team integriert sind. Dies ist insbesondere bei Personalveränderungen sinnvoll.
Dazu schätzen die Teammitglieder ein, in welcher Phase sie sich persönlich befinden.

**Auswertungsfragen:**
Wie fühle ich mich in dieser Phase?
Was kann ich tun, um weiterzukommen?
Was brauche ich von den anderen dazu?

## Leitungsaufgaben in den verschiedenen Teamphasen

Aufgabe der Leitung ist es, das Team zu unterstützen, die Krisen und Entwicklungsaufgaben der jeweiligen Phase zu meistern und daran zu wachsen. Die folgende Übersicht gibt Ihnen dazu für jede Phase Hinweise.

| **Wachstumsfördernd** | **Wachstumshindernd** |
| --- | --- |
| **Orientierungs- und Testphase** | |
| • Struktur und Regeln vorgeben | • passives Abwarten |
| • Sicherheit und Orientierung vermitteln | |
| • Beobachten, Zuhören, Einzelgespräche | |
| • Begegnung und Gruppenerlebnisse ermöglichen | |
| • selbst als Person sichtbar sein | |
| **Nahkampf- und Konfliktphase** | |
| • Rahmen für Auseinandersetzung schaffen | • Auseinandersetzung unterdrücken |
| • unterschiedliche Sachpositionen benennen | |
| • Frustrationsgefühle zulassen | • Harmonie einfordern |
| • »Unterschwelliges« auf den Tisch holen | mit Untergruppen koalieren |
| • Zuversicht vermitteln | • Pessimismus verbreiten |
| • Konfliktlösungsstrategien anwenden | • Konflikte durch ein Machtwort beenden |
| • eigene Normen und Werte einbringen | |
| **Organisierungsphase** | |
| • Zielvereinbarungen fördern | |
| • Verbindlichkeit herstellen | • Beliebigkeit tolerieren |
| • Qualitätsmerkmale vereinbaren | |
| • Regeln und Routinen installieren | • unsichtbar werden (zum Beispiel nur noch Außenkontakte pflegen) |
| • Feedback-Kultur pflegen | |

**swertung:**
˜ einem Plakat mit der Teamentwicklungsuhr werden die sönlichen Markierungen eingetragen. Daran schließt sich ɜ Diskussion an.

**swertungsfragen:**
ɜ geht es jeder von uns in dieser Phase?
lche Erfahrungen haben zu unterschiedlichen Positionie-gen geführt?
s können wir tun, um als Team weiterzukommen?
lche Hindernisse müssen wir dazu überwinden?

**'iation:**
können die Uhr auch verwenden, um zu besprechen, wie zelne Mitarbeiterinnen in das Team integriert sind. Dies ist ɔesondere bei Personalveränderungen sinnvoll.
zu schätzen die Teammitglieder ein, in welcher Phase sie ı persönlich befinden.

**swertungsfragen:**
ɜ fühle ich mich in dieser Phase?
s kann ich tun, um weiterzukommen?
s brauche ich von den anderen dazu?

## Leitungsaufgaben in den verschiedenen Teamphasen

ĝabe der Leitung ist es, das Team zu unterstützen, die Kri- und Entwicklungsaufgaben der jeweiligen Phase zu mei-n und daran zu wachsen. Die folgende Übersicht gibt en dazu für jede Phase Hinweise.

| Wachstumsfördernd | Wachstumshindernd |
|---|---|
| **Orientierungs- und Testphase** | |
| • Struktur und Regeln vorgeben | • passives Abwarten |
| • Sicherheit und Orientierung vermitteln | |
| • Beobachten, Zuhören, Einzelgespräche | |
| • Begegnung und Gruppenerlebnisse ermöglichen | |
| • selbst als Person sichtbar sein | |
| **Nahkampf- und Konfliktphase** | |
| • Rahmen für Auseinandersetzung schaffen | • Auseinandersetzung unterdrücken |
| • unterschiedliche Sachpositionen benennen | |
| • Frustrationsgefühle zulassen | • Harmonie einfordern |
| • »Unterschwelliges« auf den Tisch holen | mit Untergruppen koalieren |
| • Zuversicht vermitteln | • Pessimismus verbreiten |
| • Konfliktlösungsstrategien anwenden | • Konflikte durch ein Machtwort beenden |
| • eigene Normen und Werte einbringen | |
| **Organisierungsphase** | |
| • Zielvereinbarungen fördern | |
| • Verbindlichkeit herstellen | • Beliebigkeit tolerieren |
| • Qualitätsmerkmale vereinbaren | |
| • Regeln und Routinen installieren | • unsichtbar werden (zum Beispiel nur noch Außenkontakte pflegen) |
| • Feedback-Kultur pflegen | |

**Integrationsphase**

| | |
|---|---|
| • Führungspotentiale im Team nutzen | |
| • Anforderungen der Außenwelt als Herausforderung an das Team herantragen | • Desinteresse an der Außenwelt unrealistisches Selbstbild |
| • Teamkultur fördern | |
| • Bedingungen für kreatives Arbeiten schaffen | • Selbstzufriedenheit (»besser geht's nicht«) |
| • Differenzierung und Trennung zulassen | • Symbiose (»wir wollen niemals auseinander gehen«) |

## Impulse und Übungen für die Standortbestimmung Ihres Teams

Teambildung ist nie »fertig«. So, wie Sie regelmäßig einen Gesundheits-check-up vornehmen, brauchen auch Teams eine regelmäßige Inspektion und Pflege. Die folgenden Übungen können Sie nutzen, um den Standort des Teams in verschiedenen Phasen und Situationen zu bestimmen und weiterzuentwickeln.

### Übung: ELSA-Analyse

Die ELSA-Analyse ist unsere Adaption eines Teamentwicklungsinstruments, das in der Literatur als SOFT-Analyse bekannt ist.

ELSA leitet sich aus folgenden Begriffen ab:
**E** für Erfolge und gute Ergebnisse des Teams.
**L** für Lücken, ungenutzte Gelegenheiten und Chancen.
**S** für Störungen, Fehler, Missstände.
**A** für Abgründe, potenzielle Gefahren.

Mit Hilfe des ELSA-Fragebogen untersucht das Team einen ausgewählten Teil seiner Arbeit. Die Fragen erfassen den ge-

genwärtigen IST-Zustand und die Zukunftsperspektive und Potenziale des Teams.

**Ablauf:**
Legen Sie gemeinsam fest, welche Fragestellung untersucht werden soll.

Jedes Teammitglied notiert für sich die Antworten auf die Fragen der ELSA-Analyse.

Die persönlichen Ergebnisse zu den vier Fragestellungen E, L, S, A werden nacheinander gesammelt und verglichen. Ziel ist es, aus der Diskussion der individuellen Einschätzungen ein Gesamtbild zu entwickeln.

Danach entwickelt das Team Maßnahmen zu folgenden Fragestellungen:
Wie erreichen wir, dass sich die ungenutzten Potenziale und Chancen entfalten können?
Was können wir tun, um die befürchteten negativen Entwicklungen zu verhindern?

Arbeiten Sie je nach Teamgröße mit Untergruppen. Die Zielsetzungen werden bis zur Entscheidungsreife in Handlungsschritten konkretisiert.

**Fragebogen zur ELSA-Analyse**
**E** wie Erfolge:
Was läuft gut? Was haben wir erreicht?
Worauf können wir uns verlassen? Was bedeutet uns viel?
Was motiviert uns?
Über welche Zugkräfte und Fähigkeiten verfügen wir?

**L** für Lücken:
Wozu wären wir noch fähig?
Was liegt brach?
Was könnten wir ausbauen?
Was könnten wir uns neu erschließen?
Was kommt an Positivem auf uns zu?

**tegrationsphase**

**S** für Störungen:
Welche schwierigen Erfahrungen haben wir gemacht?
Welche Störungen und Defizite gibt es bei uns?
Was fällt uns schwer?
Wo liegen unsere »Fallen«?
Was verhindert eigentlich, dass wir es besser machen?

**A** wie Abgründe:
Was kommt an Schwierigkeiten auf uns zu?
Was geschieht, wenn alles so weiter läuft wie bisher?
Was sind unsere Schreckbilder?
Was macht uns wirklich Angst?

## Übung: Der Freude-Ärger-Kuchen

Dieses Verfahren eignet sich dazu, positive und negative Aspekte eines Themas zu sammeln und zu entscheiden, woran weitergearbeitet werden soll.

**Material:**
Pro Person ein großer Bogen Papier, Stifte.

**Ablauf:**
1. Jede Kollegin zeichnet zwei »Torten« auf den Bogen
2. Zu einer konkreten Fragestellung (Beispiel: Was gefällt/missfällt mir an unseren Sitzungen?) zeichnet nun jede ihre positiven und negativen Aspekte als Tortenstücke in den Kreis. Die Tortenstücke sind, entsprechend ihrer Bedeutung, unterschiedlich groß.
3. Danach Austausch in Kleingruppen und/oder im Plenum.
4. Alle Teammitglieder markieren die Tortenstücke, an denen weitergearbeitet werden soll, mit einem dicken Filzstift.

## Übung: Die Bewahr- und Veränderungswaage

In größeren Abständen braucht jedes Team eine Bilanz des Erreichten und Verständigung über Veränderungswünsche. Dazu eignet sich die folgende Übung.

**Material:**
Moderationswand, Karten, Stifte

**Ablauf:**
Die Mitarbeiterinnen beschreiben Karten zu den Fragen:
Was ist mir hier wichtig und sollte auf jeden Fall erhalten bleiben?
Was soll sich verändern?

Zeichnen Sie eine Waage mit einer Bewahr- und einer Veränderungsschale auf eine Moderationswand. Nachdem alle ihre Karten den Schalen zugeordnet haben, wird sichtbar, welche sich senkt, welche Seite also schwerer wiegt. Danach bespricht das Team die Themen. Wenn es zu einem Thema sowohl Bewahr- wie Veränderungskarten gibt, kann dies mit dem Konsensbildungsverfahren bearbeitet werden.

## Übung: Unsere Zusammenarbeit als Landschaft

Dieses Verfahren ist eine weitere Möglichkeit, wichtige Themen, Fragen und Störungen des Teams zu beschreiben.

**Material:**
ein großer Papierbogen, farbige Stifte und Wachsmalkreiden

**Ablauf:**
Auf einer großen Wandzeitung haben Sie von unten nach oben mit farbiger Kreide einige Landschaftsformen angedeutet: Meer, Strand, Klippen, weite Ebene, Hügelland, Gebirge, Himmel.

Bitten Sie nun das Team, sich ein Bild davon zu machen, welche Themen des Teams mit welcher Landschaft verbunden sind. Anregende Fragen: Wo sind Untiefen? Wo sind hier Klippen? Wo ist überschaubares, sicheres Gelände, wo sind eventuell Sackgassen und Irrwege? Wo will das Team hoch hinaus, welche Gipfel haben wir schon erklommen?

Nacheinander zeichnet und/oder schreibt jede dazu etwas in die Landschaft ein, so dass das Bild immer konkreter wird. Nach einer vereinbarten Zeit wird über das Bild gesprochen.

### Übung: Die Klimakarte/Der Wetterbericht des Teams

**Material:**
Papierbögen, Filzstifte, Vorlage mit Wettersymbolen

**Ablauf:**
Jedes Teammitglied malt auf einem Bogen eine Wetterkarte über die Teamsituation aus seiner Sicht. Dabei können also gebräuchlichen Wettersymbole benutzt und neue erfunden werden. Jedes Teammitglied stellt seine Wetterkarte vor, dabei sollen den verschiedenen Wetterlagen Ereignisse zugeordnet werden. Beispiele: »Nach einer Schönwetterperiode streifte im Januar das Sturmtief Grippewelle unser Team. Seit zwei Wochen bläst der Polarwind Qualitätssicherung mit Stärke 10 aus Richtung Jugendamt. Die Teamtemperatur beträgt 14 Grad.« Die Wetterkarten werden diskutiert und können Ausgangspunkte von Planungs- und Problemlösungsschritten werden.

**Variante:**
Im Raum verstreut liegen Karten mit Wettersymbolen (z.B. für Sonne, Sturm, Regenschauer, Gewitter). Jedes Teammitglied stellt sich zu einer bestimmten Fragestellung (z.B. »Wenn ich an den letzten Elternabend denke...«) neben das Symbol, dass seiner Einschätzung entspricht.

# 3 Krise als Chance: Veränderungen im Team

Ein Team ist kein Bund fürs Leben. Personelle Veränderungen bringen neue Impulse. Gleichwohl sind Abschied und Neubeginn auch Krisensituationen. »Augen zu und durch« ist eine ungeeignete Bewältigungsstrategie. Wenn die Gruppe sich aber bewusst mit den sozialpsychologischen Prozessen auseinander setzt, kann sie Personalveränderungen als Chancen für ihre Entwicklung nutzen.

Wir gehen hier auf einige wichtige Veränderungssituationen ein.

Eine Vertiefung (zur Personalauswahl und -einarbeitung, zu Beurteilungssystemen und anderen Aspekten) wird in dem TOP-Band »Personalentwicklung« erscheinen.

## Wie ein neues Team entsteht

Wenn eine Kindertagesstätte eröffnet wird, hat die Leitung die Aufgabe, das Team aufzubauen. Vielleicht gibt der Träger einiges vor, das neue Team braucht darüber hinaus aber auch Zeit, um sich selbst zu »erfinden«.

Ein neues Team sollte idealerweise in folgenden Schritten aufgebaut werden:

Der Träger und die zukünftige Leitung formulieren ein Rahmenkonzept für die Einrichtung und für jede Stelle ein passendes **Anforderungsprofil**.

Bei der **Personalauswahl** ist neben fachlichen Gesichtspunkten auch der Teamblick wichtig: Ist das zukünftige Team so zusammengesetzt, dass grundlegende Qualitäten vertreten sind?

Vor Eröffnung der Kita lernt sich das neue Team in einem **Teambildungsworkshop** intensiv kennen und erhält fachliche und organisatorische Orientierungen durch die Leitung und den Träger.

**Grundsätzliches vereinbaren und gleichzeitig offen sein für den Entwicklungsprozess** – das ist eine wichtige Devise in der Anfangszeit. Die Leitung hat dabei eine Vorbildrolle. In den ersten Monaten gibt sie dem Team Sicherheit und Struktur, ermöglicht aber auch Probehandeln. Nach unserer Erfahrung ist ein Team damit überfordert, schon in der ersten Zeit eine ausgereifte Konzeption zu entwickeln. Wohl aber sollte es intensiv fachlich diskutieren, wobei die Leiterin den »roten Faden« des Rahmenkonzepts vorgibt. Keinesfalls sollte sie einzelnen Mitarbeiterinnen Zusagen oder Versprechungen machen, die später revidiert werden müssen.

Damit das Team die Anforderungen und Konflikte der Anfangsphasen bewältigt, braucht es Teamtage für Kommunikation und Reflexion.

### Impulse und Übungen für den Start und die Orientierungsphase

- Führen Sie Partnerinterviews zum Thema »mein beruflicher Werdegang« und hängen Sie die Ergebnisse als Berufsporträts der Kolleginnen im Teamraum auf.
- Jede bringt einen persönlichen Gegenstand mit, der ihre Erwartungen an das Team ausdrückt, und präsentiert ihn. Die anderen geben dazu ein Feedback. Gemeinsamkeiten und Unterschiede werden festgehalten.
- Meinungen und Einstellungen: Mitarbeiterinnen ziehen Karten mit pädagogischen Begriffen (zum Beispiel Neugier, Aggression, Eltern), Sprichwörtern oder Fotos und nehmen dazu Stellung.
- Jede schreibt einen Brief an sich selbst zu folgenden Fragen:

Meine Hoffnungen an die Arbeit in diesem Team, meine Befürchtungen beim Beginn der Arbeit. Was kann ich dazu bei tragen, damit die Gruppe ein Team wird? Die Briefe werden aufbewahrt und sind Grundlage für eine Zwischenbilanz nach einigen Monaten.

## Neue Kolleginnen im Team

Wer neu in eine Gruppe kommt, dem stellen sich Fragen wie:
- Welche meiner Eigenschaften, Fähigkeiten, Bedürfnisse kann ich hier zeigen?
- Wie passt das, was ich bin und will, hier hinein?
- Wer bestimmt hier das Gruppengeschehen? Wie kann ich selbst Einfluss nehmen?
- Wie »offen« kann ich sein? Wie werde ich akzeptiert?
- Welche offiziellen und heimlichen Regeln und Normen gelten?
- Was sollte man hier besser nicht tun oder sagen?

Diese Fragen können Unsicherheit und Angst verursachen– bei einem selbstgewollten Wechsel gepaart mit Neugier und Lust. Menschen verhalten sich in dieser Situation unterschiedlich: Manche warten ab und verhalten sich eher passiv, sie suchen nach Verbündeten; andere überspielen ihre Unsicherheit durch aggressives Verhalten, orientieren sich an der Leitung oder anderen Führungspersönlichkeiten.

Sie helfen Neuen im Team, indem Sie ihnen diese Test- und Orientierungsphase zugestehen. Das Beobachten und Zuhören, das Aussprechen von Gefühlen fördern das Einleben und Zurechtfinden der Neulinge.

**Die Sicht von außen: eine Entwicklungschance**

Neue Kolleginnen sehen das Team noch mit dem »fremden Blick«. Darin liegen immer auch Entwicklungschancen, vorausgesetzt, das Team interessiert sich für diese Wahrnehmung und fordert keine schnelle Anpassung. Fragen Sie neue Teammitglieder nicht nur danach, ob sie sich wohl fühlen, sondern bitten Sie sie auch um Feedback zum Team:

- Was fällt Ihnen an unserer Zusammenarbeit auf?
- Was hat Ihnen geholfen, Anschluss zu finden?
- Was war neu und ungewohnt?
- Was würde Sie auf Dauer hier stören?

### Übung: Unsere Gruppengeschichte

Diese Übung gibt neuen Kolleginnen einen Einblick in die Teamgeschichte.

**Material:**
große Papierbögen, farbige Stifte

**Ablauf:**
Das Team bildet im Raum eine Reihe, von der Dienstältesten bis zu der Mitarbeiterin, die zuletzt in das Team gekommen ist. So wird das Lebensalter des Teams sichtbar.

Auf einer Wandzeitung oder Papierrolle halten die Mitglieder nun die Lebensgeschichte des Teams fest. Die dienstälteste Mitarbeiterin beginnt bis zu dem Zeitpunkt, an dem die nächste Kollegin in das Team eintrat. Diese setzt die Geschichte fort. So wird die Geschichte bis zur Gegenwart weitererzählt. Auf dem Papier entsteht ein Zeitstrahl. Markante Ereignisse werden festgehalten, ebenso wie der Wechsel von Mitarbeiterinnen. Neben Sachinformationen sollen auch gefühlsmäßige Anteile sichtbar werden.

**Orientierungsfragen für die Moderation:**
- Womit haben wir uns als Team in dieser Zeit beschäftigt?
- Was waren Meilensteine?

### 3. Ein gemeinsames Verständnis des Problems entwickeln

Nun kommt es darauf an, über die verschiedenen Perspektiven, Aspekte und Informationen zu einer gemeinsamen Problembeschreibung zu kommen und einen Veränderungswunsch zu formulieren. In dieser Phase sind die kommunikativen Fähigkeiten aller Teammitglieder besonders gefragt. Wenn es einzelnen Beteiligten dabei nur ums Rechthaben geht, entsteht kein Dialog. Solche Kommunikationsstörungen werden dann auch zum Thema eines Teamentwicklungsprozesses.

Wichtige Kompetenzen der Einzelnen sind zum Beispiel aktives Zuhören, Wahrnehmen und Aussprechen eigener und fremder Gefühle und das Wechseln der Perspektive. Gelingt dieser Prozess, dann entsteht aus den Teilen des Puzzles ein gemeinsames Bild.

### 4. Entwicklung von Lösungsvorschlägen

Problemlösungen beschreiben ein Soll, einen wünschenswerten zukünftigen Zustand. Genau wie beim vorangegangenen Schritt braucht das Team Zeit, verschiedene Lösungen zu entwickeln, Vor- und Nachteile und mögliche Auswirkungen zu bewerten und alle einzubeziehen. Möglicherweise erkennt das Team, dass es Fortbildung braucht, um notwendige Kompetenzen zu erwerben (etwa zu Konfliktlösungsstrategien).

### 5. Entscheiden

Die Problemlösung bzw. die möglichen Alternativen müssen konkret und handlungsbezogen formuliert werden. Je abstrakter und allgemeiner ein Vorschlag ist, desto größer die Wahrscheinlichkeit, dass er nur ein wirkungsloser Appell bleibt.

:arbeitung von Störungen und Hemmnissen der Weiter-
ıtwicklung

: Teamentwicklung zielt auf die Herstellung bzw. Verbesse-
g der Arbeitsfähigkeit eines Teams. Im Mittelpunkt stehen
;en, die sich auf das Team als Ganzes beziehen – im Ge-
satz zur Personalentwicklung. Dort geht es darum, die
npetenzen des Einzelnen zu fördern.

ennoch beziehen Teamentwicklungsmaßnahmen die
ıtweisen und Absichten der einzelnen Mitglieder intensiv
so dass auch die einzelne Mitarbeiterin einen Kompetenz-
achs erlebt oder ihre Beziehungen zu den anderen verbes-
ı kann.

ɔschließend stellen wir Ihnen in verallgemeinerter Form
ritte der Teamentwicklung vor.

## Teamentwicklung: Schritt für Schritt

### 1. Die Diagnose

Mitglieder beschreiben gemeinsam den Zustand des
ns: Was läuft bei uns gut? Womit sind wir nicht zufrieden,
behindert uns?

'ichtige Grundsätze: Alle beteiligen sich. Meinungen wer-
nicht bewertet. Es sollen noch keine Lösungen vorge-
agen werden.

### 2. Die Auswahl von Themen, die das Team bearbeiten will

Team einigt sich auf eine Frage oder mehrere Themen, für
es neue Wege finden will.

## Kompetenz und Motivation

Wie Sie bereits in unserem Vergleich mit einem Orchester gesehen haben, finden sich in einem TOP-Team ausgeprägte soziale Kompetenzen (vgl. Harald Butzko, 1991):

**Kommunikationsfähigkeit:**
Die Teammitglieder sprechen eine gemeinsame Sprache. Die Kommunikation ist vom Willen zum Verstehen und zur Loyalität bestimmt.

**Kooperation:**
Die Mitglieder wissen, dass sie das gemeinsame Ziel nur gemeinsam erreichen können. Auch, und manchmal gerade, weil sie nicht immer einer Meinung sind, halten sie an der Zusammenarbeit fest.

**Wille zum Erfolg und Leistungsbereitschaft:**
Die Teammitglieder fühlen sich berufen, genau diese Arbeit zu tun. Man schaut eher auf die Aufgabe als auf die Uhr.

**Selbstwertgefühl und Anerkennung:**
Die Mitglieder sind stolz auf ihre individuellen wie kollektiven Kompetenzen und können deshalb auch ihre eigenen Grenzen tolerieren. Gegenseitige Anerkennung schafft Beziehungen. Fehler werden als Möglichkeiten des Lernens und nicht als Versagen gewertet.

**Konfliktregelung:**
Das Team kann Konflikte konstruktiv lösen. Es ist entscheidungsfreudig. Offene Fragen werden nach einer intensiven Erörterung verbindlich entschieden und produktiv gelöst.

In einem späteren Abschnitt (S. 75) finden sie einen Einschätzungsbogen auf der Basis dieser Merkmale. Mit seiner Hilfe können Sie einschätzen, welche Kennzeichen auf Ihr Team zutreffen.

Diese Merkmale korrespondieren übrigens auffällig mit den Ergebnissen der »Delphi-Befragung« des Bundesministeri-

## Kompetenz und Motivation

Wie Sie bereits in unserem Vergleich mit einem Orchester gesehen haben, finden sich in einem TOP-Team ausgeprägte soziale Kompetenzen (vgl. Harald Butzko, 1991):

**Kommunikationsfähigkeit:**
Die Teammitglieder sprechen eine gemeinsame Sprache. Die Kommunikation ist vom Willen zum Verstehen und zur Loyalität bestimmt.

**Kooperation:**
Die Mitglieder wissen, dass sie das gemeinsame Ziel nur gemeinsam erreichen können. Auch, und manchmal gerade, weil sie nicht immer einer Meinung sind, halten sie an der Zusammenarbeit fest.

**Wille zum Erfolg und Leistungsbereitschaft:**
Die Teammitglieder fühlen sich berufen, genau diese Arbeit zu tun. Man schaut eher auf die Aufgabe als auf die Uhr.

**Selbstwertgefühl und Anerkennung:**
Die Mitglieder sind stolz auf ihre individuellen wie kollektiven Kompetenzen und können deshalb auch ihre eigenen Grenzen tolerieren. Gegenseitige Anerkennung schafft Beziehungen. Fehler werden als Möglichkeiten des Lernens und nicht als Versagen gewertet.

**Konfliktregelung:**
Das Team kann Konflikte konstruktiv lösen. Es ist entscheidungsfreudig. Offene Fragen werden nach einer intensiven Erörterung verbindlich entschieden und produktiv gelöst.

In einem späteren Abschnitt (S. 75) finden sie einen Einschätzungsbogen auf der Basis dieser Merkmale. Mit seiner Hilfe können Sie einschätzen, welche Kennzeichen auf Ihr Team zutreffen.

Diese Merkmale korrespondieren übrigens auffällig mit den Ergebnissen der »Delphi-Befragung« des Bundesministeri-

## Kompetenz und Motivation

**Wie Sie bereits in unserem Vergleich mit einem Orchester gesehen haben, finden sich in einem TOP-Team ausgeprägte soziale Kompetenzen (vgl. Harald Butzko, 1991):**

**Kommunikationsfähigkeit:**
Die Teammitglieder sprechen eine gemeinsame Sprache. Die Kommunikation ist vom Willen zum Verstehen und zur Loyalität bestimmt.

**Kooperation:**
Die Mitglieder wissen, dass sie das gemeinsame Ziel nur gemeinsam erreichen können. Auch, und manchmal gerade, weil sie nicht immer einer Meinung sind, halten sie an der Zusammenarbeit fest.

**Wille zum Erfolg und Leistungsbereitschaft:**
Die Teammitglieder fühlen sich berufen, genau diese Arbeit zu tun. Man schaut eher auf die Aufgabe als auf die Uhr.

**Selbstwertgefühl und Anerkennung:**
Die Mitglieder sind stolz auf ihre individuellen wie kollektiven Kompetenzen und können deshalb auch ihre eigenen Grenzen tolerieren. Gegenseitige Anerkennung schafft Beziehungen. Fehler werden als Möglichkeiten des Lernens und nicht als Versagen gewertet.

**Konfliktregelung**:
Das Team kann Konflikte konstruktiv lösen. Es ist entscheidungsfreudig. Offene Fragen werden nach einer intensiven Erörterung verbindlich entschieden und produktiv gelöst.

• Was waren Höhepunkte und Tiefpunkte?
Die Bewertungen durch die Mitarbeiterinnen sollen von den anderen nicht korrigiert werden.

**Varianten/Fortsetzung:**
Jede Mitarbeiterin trägt ihre Höhen- und Tiefenkurve am Zeitstrahl ein. Gemeinsamkeiten und Unterschiede werden diskutiert.
Die Mitarbeiterinnen geben einzelnen Abschnitten der Teamgeschichte Namen oder Titel (Wie könnte ein Film, ein Buch, ein Theaterstück über diese Zeit heißen?)

## Die Leitung geht – die neue Chefin kommt

Stellen Sie sich ein Mobile vor. Wird ein Element gegen ein anderes ausgetauscht, gerät das Mobile für einige Zeit aus der Balance, bevor es ein neues Gleichgewicht findet. Diese Bewegung kann sanft oder heftig sein. Ein Leitungswechsel verändert die Gestalt eines Teams. Die notwendige gegenseitige Anpassung erfordert Beweglichkeit auf beiden Seiten.

Der Wechsel verläuft in verschiedenen Phasen: Abschied von der alten Leitung, Übergang und Neubeginn. Je bewusster beide, das Team und die Leitung, diese Zeit erleben, desto eher können sie die Chancen des Wechsels nutzen.

### Trennung und Abschied

Blicken Sie auf die gemeinsam verbrachte Zeit zurück, auf Meilensteine, Erfolge, schwierige und gute Zeiten. Das Abschiedsinterview (nach Schmidt/Berg) bietet eine Chance, sich aufrichtig und versöhnlich voneinander zu verabschieden.

### Übung: Abschiedsinterview

Das Team fragt die scheidende Leiterin:
- Was hat Sie damals bewogen, hier zu arbeiten?
- Haben Sie hier gefunden, was Sie suchten?
- Welche Erwartungen haben sich nicht erfüllt?
- Was reizt Sie an der neuen Stelle?
- Was betrachten Sie als unsere Stärken und Schwächen – jetzt, da Sie gehen?
- Was für eine Leiterin wünschen Sie uns künftig?
- Haben Sie eine Empfehlung an uns für die Anfangsphase
- mit der neuen Leitung?

Führen Sie dieses Interview nicht nur als »Einbahnkommunikation«, auch das Team kann der scheidenden Leitung etwas zur vergangenen gemeinsamen Zeit sagen, eine Rückmeldung geben.

### Die Übergangszeit

Das Team kann die »Wartezeit« nutzen, um sich auf die neue Leitung vorzubereiten. Eventuell lassen sich die Aussagen des Abschiedsinterviews dabei in die Überlegungen einbeziehen. Stellen Sie sich Fragen zur Identität des Teams:
- Was ist uns wichtig?
- Worauf sind wir stolz?
- Was wollen wir bewahren?
- Was möchten wir verändern?

### Der neue Anfang

Für das Team ist es wichtig, seine Vorstellungen in die Kennenlern- und Orientierungsphase einzubringen und mit den Erwartungen der Leitung abzustimmen.

## Ein neues Team aus zwei alten: Fusionen

Fusionen vereinen zwei oder mehr Mitarbeitergruppen zu einem neuen Team.
Mögliche Gründe für Fusionen sind:

- Der Träger gibt einen Kita-Standort auf und gliedert Teile des Teams einem bestehenden Haus an.
- Bei einem Trägerwechsel bringt der neue Träger zusätzlich eigenes Personal mit.
- Mehrere kleine Einrichtungen schließen sich zu einem neuen Träger zusammen.
- Ein Träger bildet größere Einheiten, um Leitungspersonal einzusparen.

Fusionen sind emotionale Stressphasen für die Betroffenen. Sie brauchen mehr Zeit als sonst, um Informationen zu verarbeiten. Deshalb sind zusätzliche Sitzungen und Termine notwendig, um den informellen Anteil nicht zu groß werden und die Gerüchte-Küche nicht zu heftig brodeln zu lassen.

Leitungen reduzieren Unsicherheit durch Transparenz und klare Information. Auf keinen Fall sollten sie versuchen, verunsicherte und verärgerte Mitarbeiterinnen mit Aussagen zu beruhigen, die über den eigenen Kompetenzbereich hinausgehen. Das führt zu Misstrauen und Enttäuschung.

In Fusionen geht es darum, verschiedene Teamkulturen und -identitäten zu integrieren. Ein Appell wie »Wir sind doch alle Erzieherinnen, dann können wir doch auch zusammenarbeiten!« erzeugt Widerstand, weil die Identitäten der verschiedenen Teams in einer solchen Aussage nicht geschätzt werden. Wenn die Eigenarten der alten Teams gewürdigt werden, sind Mitarbeiterinnen eher bereit, sich auf Neues einzulassen.

Fusionen werfen viele Fragen auf und sind Zeiten der Verunsicherung und Instabilität von Teams. Klären Sie mit Hilfe der folgenden Diagnosefragen die Situation:

- Für wen ändert sich was?
- Für welches Team ändert sich mehr?
- Wer gewinnt etwas?
- Wer verliert etwas?

Vom Umfang und der Tiefe des Integrationsprozesses hängt es ab, welche der Übungen dieses Buches als Unterstützung geeignet sind.

# 4 Wer ist wer: Rollen und Funktionen im Team

Wissen Sie noch, was in der Stellenausschreibung stand, auf die Sie sich beworben haben? War das eine präzise Beschreibung oder war sie vage gehalten, verglichen mit den Anforderungen, auf die Sie dann trafen?

Haben Sie manchmal den Eindruck, dass Sie neben ihrer offiziellen Aufgabe noch ganz anderes zu leisten haben, dass Sie irgendetwas für den Teamzusammenhalt oder die Atmosphäre zu tun haben, wofür Ihnen jedoch noch eine klare Bestimmung fehlt?

Dieses Kapitel kann Ihnen und dem Team helfen, die Rollen und Funktionen im Team klarer zu analysieren, zu bestimmen und reflektierter darüber zu entscheiden. Viele Übungen und Spiele helfen Ihnen darüber hinaus, eine Teamanalyse vorzunehmen und damit ein Bild Ihres Teams zu gewinnen.

## Was ist zu tun: berufliche Aufgaben

Funktionen wie **Leiterin, Erzieherin, Hauswirtschaftsleiterin** beschreiben die **beruflichen Aufgaben**, die jede von Ihnen am Arbeitsplatz hat. Die konkrete Berufsaufgabe ist von mehreren Faktoren bestimmt. Einfluss auf die Berufsrollen haben:

**Der Träger/Arbeitgeber/Auftraggeber**: In der Regel werden die Aufgaben über eine Stellenbeschreibung/-ausschreibung definiert.

**Merkmale der Einrichtung:**
In Einrichtungen, die über mehrere gleichartige Stellen verfügen, erfolgt eine interne Differenzierung, die das Aufgabenpro-

fil schärfer umreißt. Beispiel: Erzieherin für eine Hortgruppe.

**Das Team:**
Je nach Zusammensetzung des Teams kann die konkrete Aufgabe variieren, zum Beispiel um bisher bestehende Kompetenzdefizite im Team auszugleichen. So suchen Sie etwa eine Erzieherin mit dem Schwerpunkt »Familienarbeit«.

**Die Umwelt:**
In allen Dienstleistungsbereichen wird zunehmend der Kundenwunsch reflektiert und die konkrete Dienstleistung daran ausgerichtet. Mit einiger Verzögerung gilt dies auch für den öffentlichen Bereich. Für Kitas ist der Elternwunsch eine zentrale Planungsgröße.

Nicht zuletzt erfordert der rasante gesellschaftliche Wechsel auch im Kita-Bereich, dass Sie Ihre Aufgaben permanent überprüfen. Das kann bedeuten, dass Sie Ihr Angebotsprofil verändern. Beispiel: Die Einrichtung bietet eine Betreuung auch nach 18 Uhr an.

Diese Erwartungen an den Mitarbeiter und die Mitarbeiterin werden von ihnen selten »eins zu eins« im Sinne der Auftraggeber umgesetzt – und das ist in der sozialpädagogischen Arbeit auch gar nicht wünschenswert. Vielmehr wird jede Mitarbeiterin ihre berufliche Rolle individuell ausfüllen. Die Qualität von Dienstleistungen hängt in den meisten Situationen gerade von einer persönlichen Färbung ab. Damit aber das gewünschte Ziel vom Team gemeinsam erreicht werden kann, ist es wichtig, Klarheit über die Aufgabendefinition und die Aufgabenverteilung zu erzielen.

### Übung: Ich schreibe meine Stelle aus

Neben den offiziellen Arbeitsaufgaben gibt es viele unterschiedliche, weil individuelle, Interpretationen des Auftrags. Oft ist schon lange nicht mehr darüber gesprochen worden.

Diese Übung kann Ihnen helfen, die Aufgaben im Team zu klären.

**Material:**
Für jedes Teammitglied ein Flipchartbogen und ein dicker Filzstift

**Ablauf:**
Bitten Sie die Mitglieder des Teams, auf einem Bogen eine Stellenausschreibung zu formulieren – und zwar für die eigene Stelle. Diese Stellenausschreibung sollte in Stichworten folgende Informationen enthalten:

- Was habe ich tatsächlich zu tun?
- Was sind die damit verbundenen Anforderungen an mich?
- Welche Entlohnung erhalte ich (materiell und ideell)?
- Welche Unterstützung der Umwelt (Träger, Team usw.) benötige ich, um meine Aufgaben gut zu erfüllen?
- Welche Haltungen und Einstellungen kennzeichnen diese Umwelt?

Anschließend hängen alle ihre Stellenausschreibungen auf.

Alle können sich nun wie auf einem Markt einen Überblick über die Ausschreibungen verschaffen (etwa 15 Minuten lang). Anschließend stellt nacheinander jedes Mitglied seine Stellenausschreibung vor. Werten Sie alle im Team aus. Je nach Größe des Teams benötigen Sie eventuell mehrere Sitzungen.

**Mögliche Auswertungsfragen:**

- Wie bin ich als Stelleninhaber mit dieser Stelle zufrieden?
- Würde ich mich noch einmal bewerben?
- Womit bin ich unzufrieden? Was möchte ich verändern, verbessern?
- Stimmen die Teammitglieder den Aussagen meiner Ausschreibung zu?
- Gibt es Vorschläge für Veränderungen, Ergänzungen, Korrekturen?

- Kann ich diese Vorschläge in meine Ausschreibung integrieren?

Sie brauchen nicht unbedingt schon im ersten Durchgang eine Einigung zu erzielen. Wenn es wesentliche Unterschiede zwischen der Sichtweise der Stelleninhaberin und denen im Team gibt, sollte dies zu einem späteren Zeitpunkt erneut besprochen werden.

### Übung: Fünf Sätze über mein Arbeitsleben
(nach Klaus W. Vopel)

Diese Übung ist eine spielerische Variante der Übung »Die eigene Stelle ausschreiben«. Sie hilft den Teammitgliedern, mehr darüber zu erfahren, wie sie individuell ihren Beruf ausüben.

**Material:**
Moderations- oder Karteikarten, Stifte

**Ablauf:**
Bitten Sie jedes Teammitglied, auf fünf Karten je einen Satz über seine Arbeit zu schreiben. Jede Kollegin kann dabei selbst entscheiden, wie viel sie preisgeben möchte.

Alle Karten werden gesammelt und gemischt und wieder ausgeteilt, so dass jedes Teammitglied wiederum fünf Karten erhält.

Eine Teilnehmerin beginnt, liest eine Karte vor und gibt sie derjenigen, von der sie vermutet, dass sie den Satz geschrieben hat. Nun ist die zweite Teilnehmerin an der Reihe. So geht es weiter, dann schließt sich eine zweite Runde an usw.

Wer nach dem Mischen und Austeilen eine eigene Karte erhalten hat, liest diese als Erste vor und gibt sie irgendeinem Teammitglied. In den folgenden Runden liest jeder nur die Karten vor, die nicht zu ihm gehören. Das Spiel wird so lange durchgeführt, bis alle Karten ihre Autorin gefunden haben. In der letzten Runde liest jedes Teammitglied seine eigenen fünf Karten laut vor. Tauschen Sie sich nach einer Pause über Ihre Eindrücke aus.

## Übung: Rollen verhandeln

Viele Aufgaben können nur in Zusammenarbeit befriedigend erfüllt werden. Dabei können wir uns unterstützen, behindern oder aber tatenlos zusehen, wie der andere sich abmüht. Oft erwarten wir Unterstützung, ohne uns darüber im Klaren zu sein, dass dies in aller Regel eine Gegenleistung erfordert. In der folgenden Übung können Mitarbeiterinnen, die täglich kooperieren müssen, sich über ihre Sicht auf die gegenseitige Unterstützung austauschen und Bedingungen für eine bessere Unterstützung aushandeln.

**Material:**
Für jedes Teammitglied je nach Gruppengröße mehrere Arbeitsblätter (Vorlage auf der Seite 47), Flipchartbogen, Schreiber, dicker Filzstift.

**Ablauf:**
Bitten Sie darum, dass jede Mitarbeiterin für jede Kollegin ein Arbeitsblatt mit ihren konkreten Wünschen für die Kooperation ausfüllt (15 Minuten). Die Arbeitsblätter werden anschließend ausgetauscht (15 Minuten).

Jede überträgt die Feedbacks, mit Namensnennung der Ansenderin, auf einen Flipchartbogen. Unverständliche Feedbacks werden mit einem Fragezeichen am Rand des Bogens versehen.

Es schließt sich eine Runde an, in der Fragen nach den mit einem Fragezeichen versehenen Feedbacks möglich sind, um sie richtig zu verstehen (15 Minuten).
Die auf den Flipcharts zusammengefassten Wünsche werden

von allen Teammitgliedern gewichtet. Dazu können in jeder der drei Kategorien (siehe Arbeitsblatt auf der nächsten Seite) zwei Punkte auf den Flipcharts der anderen angebracht werden, die die wichtigsten Wünsche markieren (zehn Minuten).

Nun beginnt das eigentliche Rollenverhandeln, jeweils zwischen zwei Personen. Die anderen sind Beobachter und Berater. Verhandeln Sie jeweils zusammenhängende Aspekte: »Wenn ich das tun soll, dann möchte ich von dir....« bzw. »Ich möchte von dir, dass du dies und jenes tust; ich würde dafür Folgendes verändern«. Die Beobachter notieren für Sie, worauf Sie sich geeinigt haben. Nehmen Sie sich nicht zu viel vor, und achten Sie darauf, dass Ihre Tätigkeiten möglichst konkret beschrieben und realistisch sind (je nach Größe der Gruppe 30-45 Minuten). Vereinbaren Sie zuletzt einen Zeitpunkt, an dem Sie Ihre Vereinbarungen überprüfen werden.

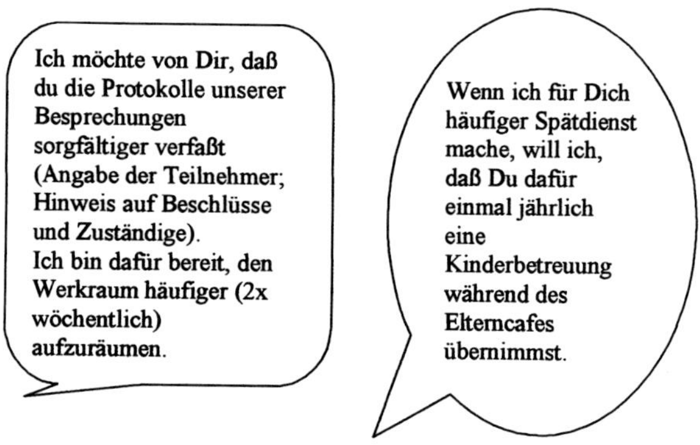


**Hinweis zur Übung:**
Bilden Sie für diese Übung Kleingruppen von drei bis höchstens fünf Teilnehmerinnen.

Eine Variante besteht darin, dass bestehende Arbeitsgruppen miteinander verhandeln, zum Beispiel der pädagogische mit dem hauswirtschaftlichen Bereich.

## Arbeitsblatt »Rollen verhandeln«

Von:
An:
Datum

Es würde meine Aufgabenerfüllung wesentlich erleichtern, wenn du Folgendes mehr oder besser machen würdest:

weniger oder gar nicht machen würdest:

Mit folgenden Verhaltensweisen hast du mir geholfen, meine Arbeit zu verbessern. Ich hoffe, dass du sie beibehalten wirst:

## Übung: Interviews zur beruflichen Identität
(nach Klaus W. Vopel)

Die individuelle Aufgabenerfüllung hängt von vielen Faktoren ab, die so etwas wie die berufliche Identität der Mitarbeiter bilden. Solche Faktoren sind die berufliche Entwicklung und Perspektive, Werte, Stärken und Schwächen, Erwartungen an Kolleginnen und Vorgesetzte. Es ist nützlich, wenn die Teammitglieder diesen Hintergrund voneinander kennen. Diese Übung kann Ihnen helfen, die Persönlichkeit der Kolleginnen klarer zu sehen und damit Sicherheit zu gewinnen. Zudem wird es jeder helfen, sich mit ihrem Hintergrund wahrgenommen und beachtet zu fühlen.

**Ablauf:**
Erläutern Sie den Teilnehmerinnen die Übung. Bitten Sie jede, als Vorbereitung auf ein Interview die Fragen zu notieren, die ihr jemand stellen soll, um ein lebendiges und klares Bild davon zu bekommen, wer sie im Berufsleben ist, was ihr wertvoll ist, was sie geprägt hat, was ihr die Arbeit leicht oder schwer macht.

Nun finden die Interviews im Kreis des Teams statt. Dazu kann sich jede eine Interviewerin auswählen, der sie ihren Fragenkatalog übergibt. Die Fragende hat die Freiheit, Fragen umzustellen und Ergänzungsfragen zu stellen. Jede der beiden hat das Recht, das Interview für beendet zu erklären, wenn sie das möchte. Danach hat das bisher schweigend zuhörende Team die Gelegenheit, zwei bis drei zusätzliche Fragen zu stellen. Anschließend hat der nächste Freiwillige die Gelegenheit, sich interviewen zu lassen.

Wenn die Reihe der Interviews beendet ist, tauschen Sie sich nach einer Pause über Ihre Reaktionen aus.

## Gruppenrollen

In jedem Team sind so genannte **Gruppenrollen** von Bedeutung. Dabei handelt es sich um ein informelles System, das in kaum einer Stellenbeschreibung genannt wird.

Die Gruppenrolle wird als »Schnittpunkt zwischen Individuum und Organisation und als ein Bündel von Verhaltensweisen« gesehen, »die von einer oder mehreren Bezugsgruppe(n) an bestimmte Positionsinhaber herangetragen werden« (Thiel, S. 95). Solche Rollen braucht das Team, um in seiner Arbeit weiterzukommen. Gruppenrollen sind zum Beispiel:

- **die Kollegin, die auch mal heikle Themen auf den Tisch bringt,**
- **der Mitarbeiter, der die anderen häufig mit Individualinteressen strapaziert,**
- **das Teammitglied, das für die gute Stimmung zuständig ist.**

Die Gruppenrollen, die von einem Teammitglied getragen werden, sind dabei einerseits von diesem Kollegen selbst übernommen worden, andererseits gibt es oft eine unausgesprochene Erwartung der anderen. Solche Rollen werden oft nicht bewusst wahrgenommen. Dass sie existieren, fällt häufig erst dann auf, wenn sich niemand mehr in einer bestimmten Weise verhält, weil die Rollenträgerin versetzt wurde oder auch nur im Urlaub ist. Gruppenrollen können eine Erfüllung für den Rollenträger bedeuten, ihn aber auch überfordern, wenn sie einseitig zu seinen Lasten gehen, wenn er in ein Verhaltensmuster »eingesperrt« wird. Es kann vorkommen, dass bestimmte Rollen gar nicht vergeben oder überbesetzt sind.

Grundsätzlich sind alle Gruppenrollen sinnvoll; und sei es auch nur, um Störungen im Team anzuzeigen. Sie sollten die betreffenden Kollegen nicht als Personen mit Problemen, sondern eher als Symptomträger für die Situation des ganzen Teams verstehen. Der »Sündenbock« symbolisiert diese Funktion. Es nutzt deshalb oft nichts, die Träger von problematischen Rollen auszugrenzen. Das entsprechende Verhalten wird dann von anderen übernommen, weil es noch wichtig für die Gruppe ist.

Das folgende Schema, vorgelegt von T. Brocher und weiterentwickelt von Kl. Antons, unterscheidet zwischen drei Rollentypen:

**Aufgabenrollen:**
Träger von Aufgabenrollen richten ihr Hauptinteresse auf die Lösung der Aufgaben, die die Einrichtung bzw. das Team hat.
**Erhaltungs- und Aufbaurollen:**
Träger solcher Rollen stützen vor allem die Interaktion und Kommunikation der Teammitglieder.
**Rollen, die Spannung anzeigen:**
Sie sind gekennzeichnet durch Beiträge, die zunächst störend wirken und anzeigen, dass individuelle Bedürfnisse nicht genügend Raum finden.

Aufgabenrollen:
**Initiative und Aktivität:** Lösungen vorschlagen, Ideen einbringen, Neudefinition des Problems
**Informationssuche:** Forderung nach ergänzenden Informationen, Frage nach Klärung von Vorschlägen
**Meinungserkundung:** Frage nach Gefühlen, die sich auf Bewertung von Ideen oder Haltungen beziehen
**Informationen geben:** eigene Erfahrungen schildern, Wissen weitergeben
**Meinung mitteilen:** äußern von Meinungen oder Überzeugungen
**Ausarbeiten:** Vorstellung von Auswirkungen der Vorschläge
**Koordinieren:** Ideen zusammenbringen, Aktivitäten vereinen
**Zusammenfassen:** Zusammenführen verwandter Ideen, Nachformulierung von Vorschlägen

Erhaltungs- und Aufbaurollen:
**Ermutigen:** Freundlichkeit, Lob für andere Ideen, Antwortbereitschaft, Zeigen von Übereinstimmung
**Grenzen wahren:** Aufmerksam machen auf Schweiger, Sprechzeit für Vielredner begrenzen
**Regeln bilden:** Formulierung von Gruppenregeln, Erinnern an Gruppenregeln
**Folge leisten:** den Gruppenentscheidungen folgen, andere Ideen annehmen, als Resonanzboden dienen
Ausdruck der Gruppengefühle: Mitteilung von unbewussten Reaktionen der anderen, zusammenfassende Gefühlsäußerungen
**Auswerten:** Überprüfen der Entscheidungen im Verhältnis zum Gruppenziel
**Diagnostizieren:** Analysieren der Haupthindernisse, Bestimmung der nächsten Schritte
**Übereinstimmung prüfen:** Gruppenmeinung erfragen und testen
**Vermitteln:** verschiedene Standpunkte miteinander versöhnen, Kompromisse vorschlagen
**Spannung vermindern:** Spannungen durch Scherze abbauen, beruhigen

Rollen, die Spannung anzeigen:
**Agressives Verhalten:** überzogene Kritik an anderen, Dominanzstreben, Herabsetzung anderer
**Blockieren:** Ausweichen auf Randprobleme, Abweisung von Ideen aus gefühlsbezogenen Vorurteilen
**Ausnutzen:** Ausnutzen der Gruppe als Resonanzboden für rein persönliche Motive
**Rivalisieren:** die Führung an sich reißen, um die beste Idee zanken, viel reden
**Sympathie suchen:** Versuchen, andere zur Sympathie zu verleiten; eigene Ideen herabsetzen, um Unterstützung durch andere zu erreichen

**Spezialplädoyers halten:** Vorschläge äußern, die mit persönlichen, eingeengten Betrachtungsweisen verbunden sind, Lobbyistentum
**Clown sein:** witzeln, nachäffen als Störung des Arbeitsprozesses
**Beachtung suchen:** Versuche, durch Reden, extreme Ideen oder ungewöhnliches Verhalten Aufmerksamkeit auf sich zu ziehen
**Sich zurückziehen:** passives, unentschiedenes Verhalten, Tagträumerei

### Übung: Teamrollen analysieren

Mit der folgenden Übung verschaffen Sie sich einen Überblick über Ihre persönliche Sicht auf die in Ihrem Team vertretenen Rollen. Sie sollten diese Übung zunächst für sich allein machen.

**Material:**
Papier, Schreiber
Zeitbedarf: ab 90 Minuten (einschließlich Auswertung)

**Ablauf:**
Bitte weisen Sie jedem Teammitglied eine der oben beschriebenen Rollen zu. Sie werden feststellen, dass das für Einzelne gar nicht einfach ist; weil Sie sich nicht über deren Rolle im Klaren sind oder weil Sie keine eindeutige Rollenzuschreibung vornehmen können. Versuchen Sie es dennoch, obwohl Sie wissen, dass die betreffende Mitarbeiterin auch andere Rollenanteile trägt. Seien Sie nicht zu vorsichtig mit der Verteilung der Spannungsrollen. Vielleicht hilft Ihnen dabei die Vorstellung, dass es sich um eine subjektive Momentaufnahme handelt.

Sortieren Sie nun die Namen der Teammitglieder in drei Spalten entsprechend dem oben genannten Schema.

**Variante:**
Wenn Sie bereits ein Bild Ihres Teams haben, etwa in Form einer Zeichnung oder einer Skulptur, können Sie die Teammitglieder mit farbigen Streifen markieren. Verwenden Sie dabei Blau für die Aufgabenrollen, Grün für die Aufbaurollen und Rot für die Spannungsrollen.

**Auswertungsfragen:**
- Sind die Rollentypen gleichmäßig vertreten?
- Welche Rollen sind besonders stark besetzt?
- Welche wichtigen Rollen fehlen?
- Auf welche Probleme im Team verweisen die Spannung anzeigenden Rollen?
- Welche Teammitglieder brauchen Ihre Unterstützung?
- Welche wollen Sie stärker be(ob)achten?

Die Antworten können Ihnen Hinweise geben für Teamentwicklung, Personalentwicklung und -auswahl.

In einer erweiterten Form dieser Übung könnte das Leitungsteam einer Einrichtung seine Einschätzungen miteinander vergleichen und unter den genannten Fragestellungen auswerten.

## Soziometrie/Soziogramm: Messen Sie die soziale Ebene!

Das Soziogramm wurde von J. L. Moreno entwickelt als eine graphische Darstellung der Gefühle, die zwischen den Mitgliedern einer Gruppe bestehen. Es macht die informelle Struktur der Gruppe, die Beziehungen und Spannungen als Momentaufnahme und mittels quantitativer Abbildungsformen erkennbar (Soziometrie: »das Messen der sozialen Ebene«).
Ursprünglich standen Vorzugswahlen im Zentrum des Sozio-

gramms, beispielsweise die Frage: »Mit wem möchten Sie am liebsten in einer Arbeitsgruppe zusammenarbeiten?«

Im Laufe der soziometrischen Entwicklung ist das Soziogramm in seiner Anwendungsvielfalt erheblich erweitert worden. Auf der Basis einer Analyse des Soziogramms können Sie bestimmen, welche Veränderungen der Gruppenstruktur anzustreben sind. Es kann Ihrem Team helfen, Beziehungen deutlicher zu erkennen und sich bewusster zu ihnen zu verhalten.

## Fragestellungen für ein Soziogramm

**Vorzugsfragen:**

- Mit wem möchte ich am liebsten in einer Arbeitsgruppe zusammenarbeiten?
- Mit wem würde ich am ehesten ein gefährliches Abenteuer (zum Beispiel eine Dschungeltour) bestehen?
- Mit wem würde ich ein schwieriges Anliegen beim Träger vortragen?
- Mit wem würde ich ein neuartiges Projekt entwickeln?
- Auf wen könnte ich mich verlassen, wenn mich andere angreifen?

**Fragestellungen zur Analyse der Gruppenstrukturen:**

- Wer bezieht sich in der Diskussion (zustimmend/ablehnend) auf welche Teammitglieder?
- Wer hat zu wem (positive/negative) Beziehungen?
- Wer sitzt wie oft neben wem (bei Auswertung mehrerer Sitzungen)?
- Wer stellt am häufigsten die Arbeitsergebnisse von Gruppen vor?

## Machen Sie sich ein Bild von der Teamsituation

Die klassische graphische Darstellung eines Soziogramms entsteht auf einem Blatt Papier: Alle Teilnehmer werden als Kreis eingetragen, mit Pfeilen werden ihre Beziehungen untereinander dargestellt. Dem folgenden Beispiel könnte die Frage zugrunde liegen: »Wer stimmte wem zu?«

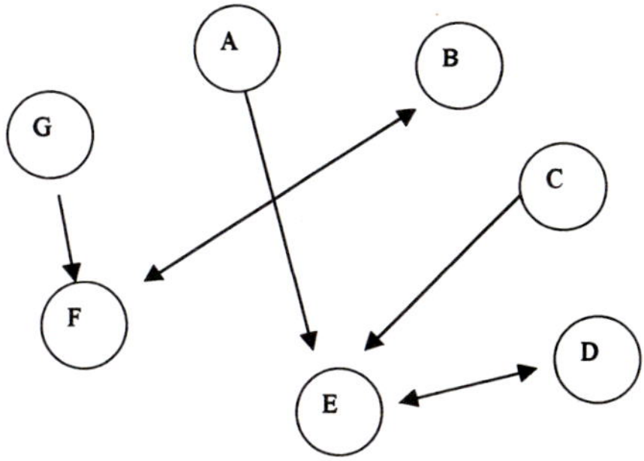


Eine ähnliche Darstellungsform, die sich besonders für größere Teams eignet, macht gleichzeitig die Rangpositionen hinsichtlich der getroffenen Wahlen deutlich. Dabei werden die Kreise in einer Skala aufgetragen, je nach Häufigkeit der passiven Wahl. Das obere Beispiel sieht dann so aus:

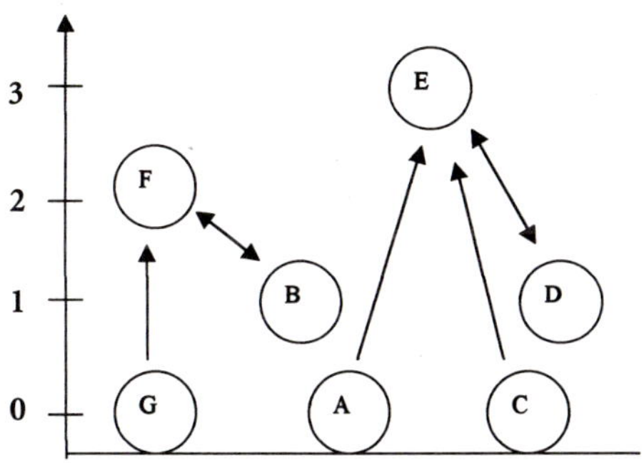

In einem solchen Soziogramm kann man leicht **soziometrische Muster** erkennen. Das sind zum Beispiel **Untergruppen**, die sich durch gegenseitige Wahl auszeichnen wie B-F-G und A-C-D-E, Paare (B-F und D-E), **Stars**, die von mehreren gewählt werden (vor allem E) oder **isolierte Personen**, die nicht oder nur wenig gewählt werden wie A, C und G.
Statt Kreise auf ein Papier zu zeichnen, kann man auch mit Münzen, Spielfiguren oder anderem Material arbeiten. Der Vorteil ist, dass diese Gegenstände beweglich sind und das Soziogramm so lange verändert werden kann, bis der zutreffende Ausdruck entstanden ist. Anschließend sollte das Bild für spätere Auswertungen (zum Beispiel im Leitungsteam) schriftlich festgehalten werden.

## Das Team macht sich ein Bild von der Situation

Ein Soziogramm kann natürlich auch mit den Teammitgliedern zusammen entworfen werden. Dabei positionieren sich die Teilnehmer im freien Raum so, dass sie durch Nähe und Distanz zu den anderen ihre Wahl entsprechend einer Fragestellung (siehe oben) ausdrücken. Auch dieses Bild entsteht erst allmählich. Sie sollten der Gruppe dafür Zeit lassen. Das Schwierige und zugleich Reizvolle dieser Übung ist, dass sich die Mitglieder des Teams dabei nicht nur zu einer Person, sondern gleichzeitig in ihrem Verhältnis zu allen Kolleginnen positionieren.

Beim Schuhsoziogramm ersetzt ein Schuh die Person. Dabei können reale und gewünschte Beziehungen durch Zu- oder Abkehren der Schuhspitzen, durch Übereinander- oder Nebeneinanderstellen angezeigt werden. Beim Schuhsoziogramm können die Akteure das entstehende Bild von außen betrachten und empfinden die Situation weniger als Konfrontation.

## Übung: Das Team als Zoo

Die diagnostische Darstellung der Rollen im Team mittels Tiersymbolen ist eine bildhafte Form des Soziogramms. In Erweiterung des eher kognitiv betonten Soziogramms erlaubt es auch, vorbewusste und komplexere Gefühlszusammenhänge darzustellen. Die bildhafte Arbeitsweise kommt dabei vielen Mitarbeiterinnen entgegen (vgl. Thiel, S. 134ff).

**Material:**
Sie können diese Übung mit unterschiedlich großem Materialaufwand gestalten. Der Zoo kann als Zeichnung auf dem Papier entstehen. Wenn Sie über viele Tierfiguren verfügen, kann er auch auf einem Brett als Figurenzoo entstehen. Eine reizvolle Variante besteht darin, mittels Ton oder Knete Tierskulpturen zu gestalten. Entscheiden Sie selbst nach Situation und Ausstattung.

**Ablauf:**
Bitten Sie die Teilnehmer, sich das Team als eine Ansammlung von Zootieren vorzustellen. Jedes Teammitglied erhält nun die Aufgabe, einen individuellen Zoo zu gestalten, indem es jedem die Rolle eines Tiers zuweist und dieses Tier bildlich darstellt. Dabei werden keine Verbindungen von Namen und Tiersymbolen genannt (20 bis 30 Minuten).

**Exemplarische Auswertung:**
Im Plenum wird ein Zoo ausgewählt und bearbeitet. Ohne dass die Urheberin irgendeine Erklärung abgibt, sollen die übrigen Teammitglieder ihre Beobachtungen und Assoziationen zu dem Bild mitteilen. Erst zum Schluss erklärt die Urheberin ihr Bild, so weit sie möchte, und nimmt – wenn sie möchte – Stellung zu den intuitiven Hypothesen der anderen. In dieser Phase muss die Spielleitung sehr genau auf die Einhaltung der Spielregeln achten (ca. 30 Minuten).

Für eine Auswertung der übrigen Bilder werden Kleingruppen von drei bis vier Personen gebildet. Nach dem Beispiel der Auswertung im Plenum werden die Darstellungen ausgewertet. Für jedes Bild sollte dabei eine Zeit von 20 bis 30 Minuten eingeplant werden.

Wenn Sie eine inhaltliche Auswertung im Plenum wünschen, geben Sie den Gruppen als erweiterte Aufgabenstellung mit, im Anschluss an die Auswertung allgemeine Thesen zum Rollenspiel im Team zu formulieren und anhand dieser Thesen über ihre Arbeit im Plenum zu berichten.

## Organigramm: Wie sieht die Struktur Ihres Arbeitsfeldes aus?

Das Organigramm dient der Darstellung der formalen Struktur einer Einrichtung und ihrer Einbindung in die Struktur des Trägers. Dabei werden die Aspekte »Wer tut was« (Aufbaustruktur) und »Wie kommunizieren wir miteinander« (Ablaufstruktur) gemeinsam dargestellt. Die Gestaltung des Organigramms regt dabei zu einem Überdenken an und macht den Beteiligten die Strukturen der Organisation bewusst (vgl. Thiel, S. 127ff; Lotmar/Tondeur, S. 150ff).

Das Organigramm kann in erweiterter Form zur »Beziehungslandkarte« der Organisation werden und damit auch informelle Beziehungen abbilden. Zur Bearbeitung konflikthafter Beziehungen vergleichen Sie bitte das entsprechende Kapitel in diesem Band.

**Material:**
Für das Organigramm benötigen Sie zunächst nur Papier und einen Stift. Für weitere Bearbeitungsmöglichkeiten werden dann Folien gleicher Größe und Folienschreiber gebraucht.

**Ablauf:**
Fertigen Sie nach dem Beispiel in der Abbildung auf S. 60 zunächst ein Organigramm Ihrer Einrichtung (intern) an. Je nach deren Größe sollten Sie dabei ein DinA3- oder DinA4-Blatt benutzen. In der Vertikalen bilden Sie Unterstellungsverhältnisse ab, in der Horizontalen gleichrangige Verhältnisse.

In einem zweiten Schritt sollten Sie – über die Binnenstruktur hinaus – die wichtigsten Beziehungen zur Trägerstruktur und zu der für die Organisation wichtigen Umwelt einzeichnen.

**Weitere Bearbeitungsmöglichkeiten:**
Legen Sie eine Folie über das Organigramm und bezeichnen Sie an den entsprechenden Stellen die konkreten Stelleninhaber mit Kürzeln. Wählen Sie dabei aus der folgenden Liste aus, was Ihnen für eine Analyse der Stellenbesetzung wichtig ist.
**Liste der Merkmale:** Name, Geschlecht, Alter, Qualifikation, Arbeitszeitumfang, Eintritt in die Einrichtung, besonderer Aufgabenschwerpunkt, Bezahlung...

Auf einer weiteren Folie können Sie mittels farbiger Striche und Symbole eine Momentaufnahme wichtiger Beziehungen untereinander darstellen (»Beziehungslandkarte«). Aus der folgenden Liste können Sie auswählen, welche Beziehungen bei Ihnen eine Rolle spielen.

**Liste der Symbole für eine Beziehungslandkarte:**

————————————

durchgezogene Linie: gute, produktive Beziehung

— — — — — — — — — — —

gestrichelte Linie: unbelastete Arbeitsbeziehung

..........................................

gepunktete Linie: unklare Beziehung

————→ ←————

gegengerichte Pfeile: offener Konflikt

————→ ? ←————

gegengerichte Pfeile/Fragezeichen: verdeckter Konflikt

Verbindungslinie mit Pfeil: Koalition gegen...

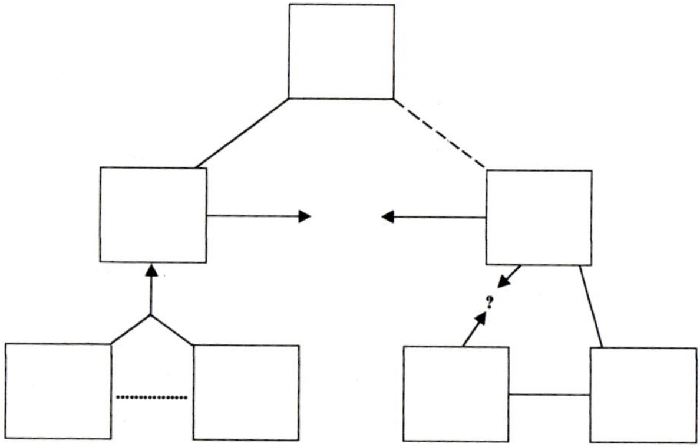

## Spiel: Crash auf dem Mond

Mit dem folgenden, recht spektakulären Spiel können Sie erfahren, wie die Ausübung und Kooperation unterschiedlicher, sich ergänzender Rollen mittels Synergieeffekt zu einem überraschend guten Ergebnis führt. Bevor Sie dieses Spiel und seine Auswertung beginnen, sollten Sie jedoch selbst einmal im Rahmen eines Trainings die Teilnehmerrolle übernommen und eine kompetente Spielleitung erlebt haben.

**Material:**
Liste der Ausrüstungsgegenstände für jedes Mitgliedund für jede Spielgruppe (S. 64), Bogen »Hinweise für Beobachter« (S. 66)

**Zeitbedarf:**
Mindestens drei Stunden einschließlich Auswertung

**Ablauf:**

Vorbereitung:

Berechnen Sie die Zahl und Größe der Mondlandegruppen und der Beobachtergruppe: Jede Mondlandegruppe sollte vier bis sechs Personen umfassen, zusätzlich erhält jede Gruppe einen oder zwei Beobachter.

Beispiel: Ihr Team (ohne Sie als Spielleiter) umfasst 15 Personen. Sie könnten daraus drei Arbeitsgruppen a vier Personen bilden. Jede Arbeitsgruppe erhielte dann noch einen Beobachter.

Kopieren Sie die Liste der Ausrüstungsgegenstände (Zahl der Teammitglieder plus Zahl der Arbeitsgruppen) und die Hinweise für Beobachter ( je einen).

Markieren Sie die Listen der Ausrüstungsgegenstände mit farbigen Strichen quer über das Blatt, jeweils mit einer Farbe für jede Mondlandegruppe. Markieren Sie entsprechend eine weitere Liste pro Mondlandetrupp.

Durchführung:

Erläutern Sie die Ausgangssituation (S. 63). Berufen Sie die Beobachter (für jede Mondlandegruppe mindestens einen).

Geben Sie jedem Teammitglied eine Liste der Ausrüstungsgegenstände. Die farbig markierten Listen sollten dabei verlost werden, um eine zufällige Zusammenstellung der Gruppen zu erreichen. Die Beobachter erhalten keine Ausrüstungsliste, sondern den Bogen »Hinweise für Beobachter«.

Die Aufgabe der Spieler besteht in der ersten Runde darin, jeweils individuell, ohne Diskussion oder weitere Nachfragen an den Spielleiter, die Ausrüstungsgegenstände in eine Rangfolge zu bringen. Dabei bekommt der Gegenstand, der als wichtigster für den Marsch zur Basisstation eingeschätzt wird, die Ziffer 1, der zweitwichtigste die Ziffer 2 usw.

Zuletzt überträgt jeder Spieler seine Rangfolge auf die rechte Hälfte der Ausrüstungsliste. Er trennt diese Hälfte ab und übergibt sie der Spielleitung, während er den linken Teil als Unterlage für die folgende Gruppenarbeit behält.

Erläutern Sie die Funktion des farbigen Strichs auf der Ausrüstungsliste: Sie kennzeichnet die Gruppenzugehörigkeit für die folgende Phase. Erläutern Sie die Aufgabe der Gruppen mit folgenden drei Stichworten:

**Jede Gruppe hat die Aufgabe, eine gemeinsame Rangfolge zu bestimmen.**

**Dabei soll die Meinung jedes Gruppenmitglieds zur Geltung kommen.**

**Die Gruppe hat dafür 45 Minuten Zeit.**

Bitten Sie die Gruppen, Ihnen nach Beendigung der Aufgabe den Lösungsbogen ausgefüllt zurückzugeben und sich bis zur Auswertungssitzung nicht mit den Mitgliedern anderer Arbeitsgruppen auszutauschen.

Jede Arbeitsgruppe (also jede Mondlandegruppe) sucht mit ihrem Beobachter einen separaten Arbeitsraum auf. Die Aufgabe der Beobachter ist es, den Gruppenprozess und die dabei auftretenden Gruppenrollen zu beobachten und ihre Beobachtungen in der Auswertungsphase zur Verfügung zu stellen. In dieser Phase wertet die Spielleitung die einzelnen Ranglisten aus (vgl. Lösungsbogen).

Im Anschluss an die Gruppenarbeitsphase gibt es für die Teammitglieder eine Pause. Nach der Auswertung der Gruppenranglisten laden Sie zur Auswertungssitzung ein.
Die Auswertungssitzung eröffnen Sie damit, dass Sie – dargestellt auf einer Wandzeitung (vgl. Schema für die Darstellung der Ergebnisse, S. 67) – die Einzelergebnisse geordnet nach Gruppen vorstellen, ebenso das entsprechende Durchschnittsergebnis aus der Einzelarbeitsphase. Verraten Sie dabei noch nicht die Lösung und die Ergebnisse der Gruppenarbeitsphase.

Fragen Sie nun nach den Erfahrungen aus der Gruppenarbeitsphase. Vermitteln Sie dabei zwischen den Sichtweisen der Gruppenmitglieder und der Beobachter. Bitten Sie zuletzt jede Gruppe, eine Einschätzung des Gruppenergebnisses vorzunehmen. Beobachten Sie dabei, wie diese Schätzung zustande kommt und wer welche Rolle dabei einnimmt.

Nun können Sie die Ergebnisse der Gruppenarbeitsphase veröffentlichen. Verwenden Sie dafür das auf eine Wandzeitung übertragene Schema. In der Regel löst sich nun die Spannung und macht – je nach Ergebnis der anderen Gruppen – freudiger Überraschung und Stolz auf die Gruppenleistung Platz. Verraten Sie auch jetzt noch nicht die Lösung.

Bitte Sie jede Gruppe und ihre Beobachter um eine interne Reflexion des Gruppenprozesses.

Veröffentlichen Sie nun die Lösung, eine von NASA-Experten erarbeitete Rangfolge.

**Ausgangssituation:**
Sie sind Mitglied eines Mondlandeunternehmens. Leider hat Ihre Mondfähre eine Crash-Landung gemacht, so dass nur noch wenige Ausrüstungsgegenstände unversehrt erhalten wurden. Zum Glück ist niemand aus der Crew verletzt worden. Ihr gemeinsames Überleben hängt davon ab, dass Sie eine Basisstation zu Fuß erreichen. Diese Station liegt 200 Meilen entfernt auf der von der Sonne beschienenen Mondoberfläche. Sie dürfen nur das Allernotwendigste mitnehmen, um diese Strecke zu bewältigen.

Ihre Aufgabe besteht darin, eine Rangordnung der aufgelisteten Gegenstände aufzustellen, die für die Rettung mehr oder weniger wichtig sind. Ordnen Sie der allerwichtigsten Position die 1 zu, der zweitwichtigsten die 2 usw., bis alle 15 Gegenstände in eine Rangfolge gebracht sind.

| *Ihr Rang* | *Liste der Ausrüstungsgegenstände* | *Ihr Rang* |
|---|---|---|
| | Streichhölzer | |
| | Lebensmittelkonzentrat | |
| | 20 m Nylonseil | |
| | 30 qm Fallschirmseide | |
| | Tragbares Heizgerät | |
| | 20,45 Kal.-Pistolen | |
| | 1 Dose Trockenmilch | |
| | 2 Sauerstofftanks | |
| | Stellar-Atlas (Mondkonstellation) | |
| | Schlauchboot mit $CO_2$-Flaschen | |
| | Magnetkompass | |
| | 20 Liter Wasser | |
| | Signalpatronen | |
| | Erste-Hilfe-Koffer | |
| | UKW-Sender-Empfänger | |

**Lösung zur Übung »Crash auf dem Mond«**

| *Ausrüstungsgegenstand* | *Rang* | *Begründung* |
|---|---|---|
| Streichhölzer | 15 | wenig oder kein Nutzen auf dem Mond |
| Lebensmittelkonzentrat | 4 | täglicher Nahrungsbedarf |
| 20 m Nylonseil | 6 | nützlich zum Klettern und zur Leitung Verletzter |
| 30 qm Fallschirmseide | 8 | Sonnenschutz |
| Tragbares Heizgerät | 13 | nur auf der dunklen Seite notwendig |
| 20,45 Kal.-Pistolen | 11 | könnten als Selbstantriebsaggregate dienen |
| 1 Dose Trockenmilch | 12 | Nahrung, mit Wasser gemischt trinkbar |

| | | |
|---|---|---|
| 2 Sauerstofftanks | 1 | zum Atmen notwendig |
| Stellar-Atlas (Mondkonstellation) | 3 | wichtiges Mittel zur Richtungsfindung |
| Schlauchboot mit $CO_2$-Flaschen | 9 | $CO_2$-Flaschen zum Selbstantrieb über Klüfte |
| Magnetkompass | 14 | keine Magnetpole, daher unbrauchbar |
| 20 Liter Wasser | 2 | ersetzt Wasserverlust infolge Schwitzens |
| Signalpatronen | 10 | Notsignal, wenn in Sichtweite |
| Erste-Hilfe-Koffer | 7 | wertvolle Tabletten und Injektionen |
| UKW-Sender-Empfänger | 5 | Notrufsender zur Basisstation |

**Berechnung der Fehlerpunkte:**
Vergleichen Sie die Lösungen der Mitspieler mit dieser Lösung der Rangfolge. Für jede Abweichung (nach oben oder unten) berechnen Sie entsprechende Fehlerpunkte.
Beispiel:
angegebene Platzierung: 1, richtige Platzierung: 3 = zwei Fehlerpunkte
angegebene Platzierung: 10, richtige Platzierung: 6 = vier Fehlerpunkte
Anschließend addieren Sie die Fehlerpunkte und erhalten eine Zahl, die die Gesamtabweichung von der Lösung angibt.

**Hinweise für die Beobachter:**
Ihre Aufgabe ist es, die »Mondlandecrew« bei der Arbeit zu beobachten und dann Ihre Informationen für den Auswertungsprozess zur Verfügung zu stellen. Sie sind dabei neutral, kein Mitglied dieser Gruppe!
Beobachten Sie deshalb zunächst genau und möglichst unbe-

fangen die Gruppenarbeit. Achten Sie insbesondere auf folgende Schlüsselszenen:

- Wer ergreift als Erster das Aufgabenblatt?
- Wer protokolliert die Ergebnisse?
- Wer macht (die ersten) Vorschläge zum Vorgehen?
- Wer trifft Entscheidungen?
- Wer erklärt Diskussionen (über einzelne Gegenstände und die Gesamtaufgabe) für beendet?
- Wer überbringt der Spielleitung die Lösung?

Versuchen Sie, sich nach Beendigung der Arbeit ein Bild darüber zu machen, was die einzelnen Mitglieder der Arbeitsgruppe zur Lösung der Gruppenaufgabe beigetragen haben.

Welcher der drei nachfolgenden Rollentypen entspricht das Verhalten der Einzelnen?

**Aufgabenrollen:** Träger von Aufgabenrollen richten ihr Hauptinteresse auf die Lösung der Aufgabe, die das Team hat. Typische Verhaltensweisen: Lösungen vorschlagen, Informationen geben und suchen, Meinungen erkunden, koordinieren, zusammenfassen.

**Erhaltungs- und Aufbaurollen:** Träger solcher Rollen stützen vor allem die Interaktion und Kommunikation der Teammitglieder. Typische Verhaltensweisen: ermutigen, Regeln für die Zusammenarbeit vorschlagen, aktives Zuhören, vermitteln, Übereinstimmung prüfen, Ausdruck der Gruppengefühle.

**Spannung anzeigende Rollen:** Sie sind gekennzeichnet durch Beiträge, diestörend wirken und anzeigen, dass individuelle Bedürfnisse nicht genügend Raum finden. Typische Verhaltensweisen: dominieren, abwerten anderer, ausweichen auf Randprobleme, rivalisieren, unterbrechen der Arbeit durch Clownerie, passives Verhalten, ausgiebiges Reden über extreme Ideen.

**Schema für die Darstellung der Ergebnisse**

| | Gruppe Rot | Gruppe Blau | Gruppe Grün |
|---|---|---|---|
| **Einzelarbeitsphase:** | | | |
| Einzelwertungen | 1 | 1 | 1 |
| | 2 | 2 | 2 |
| | 3 | 3 | 3 |
| | 4 | 4 | 4 |
| | 5 | 5 | 5 |
| | 6 | 6 | 6 |
| Summe der Fehlerpunkte | | | |
| Durchschnitt (Summe durch Anzahl der Gruppenmitglieder) | | | |
| **Gruppenarbeitsphase:** | | | |
| Abgabe-Zeitpunkt | | | |
| Geschätztes Gruppenergebnis | | | |
| Geschätzte Verbesserung in Fehlerpunkten | | | |
| Geschätzte Verbesserung in Prozent | | | |
| Tatsächliches Gruppenergebnis | | | |
| Tatsächliche Verbesserung in Fehlerpunkten | | | |
| Gewinn/Verlust gegenüber dem genauesten Mitglied | | | |
| Tatsächliche Verbesserung in Prozent | | | |

# 5 Die Chefin – der Boss: Leiten in sozialen Einrichtungen

## Nachdenken über die Leitung

Wir vermuten, dass Sie als Leserin dieses Buches selbst Leitungsverantwortung tragen, als Leiterin einer Einrichtung oder eines Arbeitsbereichs. Da Sie zu diesem Buch gegriffen haben, werden Sie vermutlich eine Ausgangsthese dieser Veröffentlichung mit uns teilen: Teamentwicklung ist eine Leitungsaufgabe. Denn Teamentwicklung ist notwendig für eine hohe Qualität der komplexen Aufgabe Bildung, Betreuung und Erziehung in Kindertagesstätten.

»Leitung« verwenden wir dabei bewusst statt »Leiterin« oder »Leiter«. »Leitung muss es für eine qualifizierte Tätigkeit geben, Leiterinnen nicht unbedingt« (Prott, 2000).

Das bedeutet, dass Leitungshandeln selten vollständig aufgeht in den Tätigkeiten der Leiterin. Es gibt Formen der Delegation und der Teamleitung. Leitung möchten wir deshalb, losgelöst von der Diskussion um konkrete Personen, als Funktion mit Dienstleistungscharakter verstehen, ohne die keine Organisation sich entwickeln kann. In diesem Sinne verwenden wir in diesem Band die Wörter »Leitung« und »Leiter/in« synonym.

In ähnlicher Absicht haben wir den Begriff »Verantwortung« verwendet. Etwas zu verantworten ist nicht identisch damit, es auch selbst zu tun. Ganz im Gegenteil: Sie verantworten zwar die Leitung der gesamten Einrichtung; für die wesentlichen Leistungen haben Sie jedoch sozialpädagogische Fachkräfte eingestellt. Ebenso wie die sozialpädagogische Arbeit selbst können Sie auch Teile der Leitungsfunktion delegieren.

Die Leitungsfunktion besteht in der zielgerichteten Steuerung der Kräfte in der Kita und deren Vertretung nach außen. Im Wesentlichen umfasst sie folgende Tätigkeitskomplexe:

Analysieren und Ziele setzen
Wege zum Ziel planen
Ressourcen organisieren
Umsetzung anleiten
Erreichen des Ziels kontrollieren

Alle Tätigkeiten innerhalb dieses Aufgabenspektrums lassen sich zum Teil auf Mitarbeiterinnen übertragen; am wenigsten übertragbar ist der Tätigkeitsbereich Kontrolle.

Dieses Modell wäre mechanistisch und würde deshalb in einer komplexen Dienstleistungsorganisation versagen, wenn nicht auch so genannte »weiche Faktoren« berücksichtigt würden.

Die wesentlichen Stichworte dafür sind:

Motivieren
Kommunizieren
Ermächtigen

Im Rahmen dieses Bandes über Teamentwicklung müssen diese wenigen Stichworte genügen. In einem weiteren TOPBand zum Thema »Leiten in sozialen Einrichtungen« dieser Reihe finden Sie ausführlichere Reflexionen zum Leitungsbegriff.

## Welche Qualifikation benötigt die Leitung?

Bis heute wird Leitung häufig mit hohem sachlichen Wissen assoziiert. Zusätzliche Kenntnisse werden dann im Bereich administrativer Tätigkeiten erwartet. Moderne Konzepte der Leitungsqualifikation – auch im gewerblichen Bereich – tragen jedoch der Erkenntnis Rechnung, dass vor allem die soziale Kompetenz von Leitungen stark gefordert ist. Bennis und Nanus (nach Schmidt/Berg, S. 444f.) geben vier Formen sozialer Kompetenz als Kennzeichen erfolgreicher Leitungspersönlichkeiten an. Dabei gehen die Autoren davon aus, dass diese Kompetenzen nur von einer Minderheit eingesetzt werden, grundsätzlich aber von den meisten erlernbar sind (ähnlich auch Lotmar/Tondeur):

- Die Leitung verfügt über eine Vision, ein Zukunftsbild der Einrichtung und tritt dafür ein. Dieses Zukunftsbild bündelt Energien und richtet ansonsten widerstrebende Energien auf einen Punkt aus.
- Die Leitung fördert und gestaltet einen permanenten Kommunikationsprozess, der zu einer gemeinsamen Sinnstiftung führt.
- Auch in Wechsel- und Krisenmomenten hält die Leitung ihre Position und fördert dadurch Vertrauen.
- Die Leitung verfügt über ein positives Selbstbild. Sie kennt und toleriert ihre eigenen Grenzen und kann deshalb Fehler zulassen – als Fingerzeige für notwendige Entwicklungsprozesse.

## Situationsgerechtes Leitungsverhalten: Was ist das?

Die Frage nach dem »richtigen« Leitungsverhalten oder Leitungsstil bewegt die Sozialforschung spätestens seit den gruppendynamischen Experimenten des Gestaltpsychologen Kurt Lewin. Lewin und seine Mitarbeiter typisierten das Leitungsverhalten in drei Kategorien. Dabei formulierten sie als Erkenntnis, dass der demokratische Leitungsstil dem autoritären oder einer Laissez-faire-Haltung überlegen sei.

In der konkreten Situation erweist sich diese Typisierung jedoch nicht immer als brauchbar, weil sie oft von einem vorschnellen Schwarz-Weiß-Schema überlagert wird. Mit dem folgenden Modell können Sie eine genauere Einschätzung vornehmen, ob Ihr Leitungshandeln zur Situation des Teams passt.

## Das Verhaltensgitter nach Blake/Mouton

Das Verhaltensgitter von Blake und Mouton (vgl. Thiel 1994, S. 55ff.; Schmidt/Berg 1995, S. 267ff.) bezieht sich auf die Interessen von Menschen in der sozialen Interaktion. Dabei unterscheiden die Autoren zwei Aspekte:

- das Interesse an den anderen Menschen und den Beziehungen und
- das Interesse an der Sache bzw. an der Aufgabe.

Das Interesse an der Aufgabe ist gekennzeichnet durch Tätigkeiten, bei denen die Leitung auf Rolle und Aufgaben der Mitarbeiter Einfluss nimmt, Aktivitäten definiert, Verfahren und Abläufe organisiert.
**Wie stark finden Sie sich in dieser Aufgabenbeschreibung wieder?**

Ein Leitungsprofil, dass sich durch das Interesse am Menschen auszeichnet, wird beispielsweise gekennzeichnet durch eine hohe emotionale Zuwendung und die Förderung zwischenmenschlicher Beziehungen.
**Kennzeichnet das eher Ihren Leitungsstil?**

Der Trick: Diese beiden grundsätzlichen Orientierungen, die in der Sozialforschung gängige Vorstellungen sind, werden nun bei Blake und Mouton zum einen nicht als Gegensätze, sondern als sich möglicherweise ergänzende Orientierungen aufgefasst. Und zum anderen: Blake/Mouton gehen davon aus, dass die jeweilige Orientierung unterschiedlich stark ausprägt ist.

Die beiden Orientierungen lassen sich in einem Diagramm abbilden, dem so genannten Verhaltensgitter:

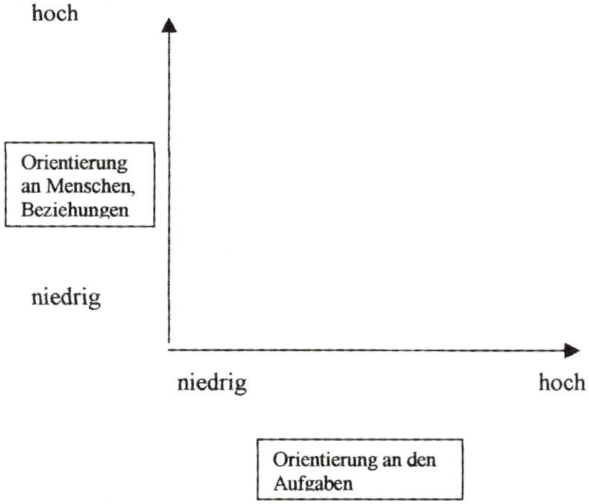


Damit gibt es in diesem Diagramm unendlich viele Punkte, auf denen das (Leitungs-) Verhalten markiert werden kann. Wenn jemand also nur wenig Interesse an der Güte der Arbeitsbeziehungen, aber ein hohes Interesse an der fachlich besten Praxis hat, würde er auf der senkrechten Linie weit unten, auf der waagerechten Linie aber weit rechts markiert werden. Mit dem Verhaltensgitter können Sie nun bereits differenzierter Ihren Leitungsstil bestimmen. Vereinfacht gibt es vier Typen des Leitungsverhaltens (im Folgenden abgekürzt: L).

| | |
|---|---|
| L 1 | Hohes aufgaben- und geringes beziehungsorientiertes Verhalten |
| L 2 | Hohes aufgaben- und hohes beziehungsorientiertes Verhalten |
| L 3 | Geringes aufgaben- und hohes beziehungsorientiertes Verhalten |
| L 4 | Geringes aufgaben- und geringes beziehungsorientiertes Verhalten |

**Welcher Leitungsstil bezeichnet Ihr Leitungshandeln?**

Offen bleibt die Frage, ob Ihr Leitungsstil zur Situation des Teams passt, ob er also die Teamentwicklung fördert oder eher behindert. Diese Einschätzung wird dann möglich, wenn zu den zwei Dimensionen (der Orientierung auf Menschen und der Orientierung auf Sachfragen) eine dritte Dimension ins Verhältnis gesetzt wird:

## Der dreidimensionale Leitungsstil nach Hersey/Blanchard

Hersey und Blanchard (nach Schmidt/Berg 1995, S. 449ff.) haben diese dritte Dimension als »Reifegrad« des Teams bzw. der Mitarbeitenden ins Spiel gebracht. Dieser Reifegrad wird bestimmt durch die Mischung von Motivation und Kompetenz. Vereinfachend kann man vier Reifegrade (im Folgenden abgekürzt: R) unterscheiden.

| | |
|---|---|
| R 1 | Keine/geringe Kompetenz und keine Motivation |
| R 2 | Keine/geringe Kompetenz, aber motiviert. |
| R 3 | Hohe Kompetenz, aber geringe/keine Motivation |
| R 4 | Hohe Kompetenz und hohe Motivation |

Sie verfügen damit über ein alltagstaugliches Bestimmungssystem für die Situation des Teams (und der einzelnen Mitarbeiterin). Natürlich handelt es sich um ein vereinfachendes System. Aber wir brauchen solche Modelle, um die verwickelte Wirklichkeit durchschaubar zu machen.

**Die einzelne Mitarbeiterin: Wie schätzen Sie den Reifegrad ein?**

**Das ganze Team: Wie schätzen Sie den Reifegrad ein?**

Sie haben sowohl Ihren Leitungsstil wie auch den Reifegrad der einzelnen Mitarbeiter oder/und des Teams eingeschätzt. Hersey und Blanchard haben einen Vorschlag, welches Leitungsverhalten zu welchem Reifegrad passt. Sie können nun überprüfen, ob Sie mit diesem Konzept übereinstimmen:

R1 erfordert L1: Die Leitung setzt auf klare Verfahren und Methoden, um den Mitarbeiterinnen zu helfen, die gesteckten Zielvereinbarungen zu erreichen. Mit einem Wort: Sie ordnet an.

R2 erfordert L2: Das Bedürfnis der Mitarbeiter nach klaren Zielen und Strukturen wird befriedigt. Die Leitung investiert viel in die Personalentwicklung, gleichzeitig gewährt sie eine hohe emotionale Unterstützung. Mit einem Wort: Sie versucht zu überzeugen.

R3 erfordert L3: Die Leitung signalisiert Vertrauen in die Leistungsfähigkeit und stützt dies unter anderem durch die Organisation der notwendigen Ressourcen. Mit einem Wort: Sie gewährt oder fordert Partizipation.

R4 erfordert L4: Die Mitarbeiterinnen benötigen wenig Unterstützung. Die Leitung überlässt viele Entscheidungen den einzelnen Mitarbeiterinnen und dem Team. Mit einem Wort: Sie delegiert.

Möglicherweise werden Sie Abweichungen zwischen Ihrem Konzept und dem von Hersey/Blanchard finden. Wir schlagen Ihnen vor, diese **Differenz als Anregung zum Nachdenken** zu nutzen. Die Differenz kann unterschiedliche Ursachen haben:

Sie schätzen Ihr Team bzw. die Mitarbeiter falsch ein. Reflektieren Sie noch einmal Ihre Einschätzung, eventuell auch gemeinsam mit externen Personen. Weiter unten finden Sie dazu einen Einschätzungsbogen.

Sie schätzen Ihren Leitungsstil falsch ein. Im Leitungsband dieser Reihe werden Sie weitere Instrumente finden, mit denen Sie eine realistischere Einschätzung vornehmen können.

Wenn Sie beides richtig einschätzen, sollten Sie überlegen, was Sie noch daran hindert, nun auch das Richtige zu tun. Leisten Sie sich den »Luxus« einer externen Beratung.

## Einschätzungsbogen zum Reifegrad des Teams

Mit dem folgenden Einschätzungsbogen können Sie den Reifegrad des Teams genauer bestimmen. Er basiert auf Erfahrungen in der Analyse besonders erfolgreicher Teams. Werten Sie für jedes Merkmal, wie stark es auf Ihr Team zutrifft.

| Merkmal | 3 | 2 | 1 | -1 | -2 | -3 |
|---|---|---|---|---|---|---|
| 1. Kommunikationsfähigkeit. Die Teammitglieder sprechen eine gemeinsame Sprache. Die Kommunikation ist vom Willen zum Verstehen und zur Loyalität bestimmt. | | | | | | |
| 2. Kooperation. Die Mitglieder des Teams wissen, dass sie das gemeinsame Ziel nur gemeinsam erreichen können. Auch – und manchmal gerade – weil sie nicht immer einer Meinung sind, halten sie an der Zusammenarbeit fest. | | | | | | |
| 3. Wille zum Erfolg und Leistungsbereitschaft. Die Teammitglieder fühlen sich berufen, genau diese Arbeit zu tun. Man schaut eher auf die Aufgabe als auf die Uhr. Fehler werden als Möglichkeiten des Lernens und nicht als Versagen gewertet. | | | | | | |
| 4. Selbstwertgefühl und Anerkennung. Die Teammitglieder sind stolz auf ihre individuellen wie kollektiven Kompetenzen und können deshalb auch ihre Grenzen tolerieren. Gegenseitige Anerkennung schafft Beziehungen. | | | | | | |

| Merkmal | 3 | 2 | 1 | -1 | -2 | -3 |
|---|---|---|---|---|---|---|
| 5. Konfliktregelung. Konflikte werden auf der Basis eines hohen Reifegrades bewältigt. | | | | | | |
| 6. Entscheidungsfreudigkeit. Offene Fragen werden nach intensiver Erörterung verbindlich entschieden und damit produktiv gelöst. | | | | | | |

Den Reifegrad Ihres Teams können Sie nun genauer einschätzen. Die Merkmale 1, 4 und 5 entsprechen dabei vor allem einer hohen Kompetenz, die Merkmale 2, 3 und 6 vor allem einer hohen Motivation.

## Der »VIT-Test«: Wie verantwortlich verhält sich das Team?

Ein häufiges Problem in sozialpädagogischen Teams ist, dass der von der Leitung gewährte Spielraum der Verantwortung vom Team nicht verantwortlich genutzt wird. Anders gesagt: Die Leitung überschätzt bzw. überfordert die momentanen Kompetenzen des Teams. Mit dem folgenden Test von Monika Keller, den wir der »Praxisreihe zum Situationsansatz« entnahmen, können Sie eine Einschätzung darüber vornehmen, welchen praktischen Stellenwert Verantwortung im Team (VIT) hat.

Markieren Sie in der folgenden Tabelle Ihre Meinung durch Ankreuzen und verbinden Sie die Kreuze zu einer von oben nach unten verlaufenden Linie:

| | 2 | 1 | 0 | -1 | -2 | |
|---|---|---|---|---|---|---|
| Bei uns ist es üblich, dass alles Ungeklärte auf den Tisch kommt. | | | | | | Bei uns werden wichtige Dinge unter den Teppich gekehrt. |
| Bei uns kann jeder seine Meinung sagen. | | | | | | Es ist nicht einfach, bei uns die eigene Meinung zu vertreten. |
| Hier übernimmt jede Verantwortung für sich selbst. | | | | | | Hier delegieren manche Mitarbeiter die Verantwortung für sich selbst an andere. |
| Im Team wird akzeptiert, wenn jemand begründet »Nein« sagt. | | | | | | Im Team kommt Neinsagen nicht gut an. |
| Im Team trauen wir uns gegenseitig etwas zu. | | | | | | Es wird getan, als klappe es nur, wenn man alles selber macht. |
| Wir können uns aufeinander verlassen. | | | | | | Es gibt immer wieder Ärger wegen unzuverlässiger Kolleginnen. |
| Bei uns weiss jeder, wofür er geradesteht. | | | | | | Bei uns ist unklar, wer wofür zuständig ist. |
| Bei uns sind Verantwortlichkeiten gerecht verteilt. | | | | | | Bei uns sind immer die Gleichen die Aktiven bzw. die Passiven. |

| | 2 | 1 | 0 | -1 | -2 | |
|---|---|---|---|---|---|---|
| Verantwortlichkeiten sind so verteilt, dass die individuellen Stärken der Einzelnen zum Tragen kommen. | | | | | | »Jeder ist mal an der Reihe« – egal, ob er für die Aufgabe geeignet ist. |
| Unser Team bietet bei Schwierigkeiten Rückhalt und Unterstützung. | | | | | | Bei Schwierigkeiten steht man ganz schön allein da. |
| Im Team werden Erfolge, auch kleine, gewürdigt. | | | | | | Was man auch tut, es wird von den anderen nicht gesehen oder geschätzt. |
| Wenn etwas schief gelaufen ist, kann man bei uns offen über die Gründe reden. | | | | | | Wenn etwas schief gelaufen ist, wird vor allem nach dem Schuldigen gesucht. |
| Bei uns wird Kritik so geäußert, dass sie weiterhilft. | | | | | | Kritik hat oft zur Folge, dass man sich verletzt fühlt. |
| Zum guten Ton gehört es bei uns, sich zu entschuldigen, wenn es nötig ist, und Entschuldigungen auch anzunehmen. | | | | | | Bei uns kommt keiner auf die Idee, sich zu entschuldigen. |

**Testauswertung:**
Ihre Kurve bewegt sich überwiegend im linken Bereich: Ihr Team versteht mit seiner Verantwortung angemessen umzugehen. Sie sollten sich überlegen, wo Sie noch mehr Verantwortung delegieren und Partizipation einfordern könnten.

Ihre Kurve bewegt sich überwiegend im rechten Bereich: Es liegt einiges im Argen. Gehen Sie die Tabelle Punkt für Punkt durch und planen Sie gezielte Veränderungen.

Ihren persönlichen Anteil daran, welches Verantwortungsklima bei Ihnen im Team herrscht, können Sie übrigens bestimmen, indem Sie im Test jeweils »ich« für »wir« einsetzen.

# 6 Große Teams – kleine Teams

Wenn Sie in einer großen Kindertagesstätte arbeiten, haben Sie es vielleicht auch schon so erlebt:

Die Abteilungsteams entwickeln ein Eigenleben, in ihnen entwickeln sich Vertrauen und Kollegialität, hier knallt es bei Konflikten aber auch besonders heftig.

Das Gesamtteam trifft sich meist nur einmal im Monat. Diese Sitzungen werden oft als frustrierend empfunden, weil es entweder sehr formal und strukturiert oder, im Gegenteil, chaotisch zugeht. Einigen Kolleginnen fällt es schwer, sich in der Großgruppe überhaupt einzubringen und mit zu diskutieren. In großen Gruppen findet man häufig Vielredner und Schweiger. Beide behindern die Problemlösung und Entscheidungsfindung.

In Kindertagesstätten ist es üblich, die gesamte Belegschaft als Team zu bezeichnen. Nach unserer Definition (vgl. S. 10) besteht eine große Kita aber eher aus mehreren Teams, die von der Leitung koordiniert werden.

## Unterschiede von Groß- und Kleingruppen

Aus der Erforschung von Gruppenprozessen weiß man, dass sich die Dynamik in Gruppen etwa in »Siebener Sprüngen« verändert: **Kleingruppen** bis zu etwa sieben Mitgliedern können sich noch weitgehend selbst steuern. Die Kommunikation ist direkt und persönlich. Die Mitglieder können einander ganzheitlich erleben: Denken und Fühlen, Berufliches und Privates müssen nicht streng getrennt werden.

Diese Intensität des Kontakts nimmt in **größeren Gruppen** ab. Ab etwa fünfzehn Personen ist es für den Einzelnen unmöglich, zu allen Anwesenden gleichzeitig Kontakt zu halten.

Der Regelungsbedarf steigt proportional zur Anzahl der Gruppenmitglieder, formale Leitung wird nötig.

Die Unübersichtlichkeit einer **Großgruppe** führt dazu, dass man auswählt, mit wem man intensiv oder nur formal kommuniziert. Offene oder verdeckte Untergruppenstrukturen entstehen. Dies hat Folgen für den Informationsfluss und die Entscheidungsfindung. Die Prozesse in grossen Gruppen sind weniger transparent. Die Mitglieder haben oft das Gefühl, nicht »durchzublicken« oder sogar der Gruppendynamik hilflos ausgeliefert zu sein.

Vertrauen und Offenheit sind für die meisten Erzieherinnen wichtige Qualitäten der Teamarbeit. Dieses Wir-Gefühl entsteht eher in der Kleingruppe. Durch den alltäglichen Umgang kann man einander einschätzen und weiß, was man voneinander erwarten kann. Je näher Planen, Entscheiden und Umsetzen beieinander liegen, desto eher wird die Motivation der Mitarbeiterinnen gestützt. Kleine Gruppen sind darin flexibel, Großgruppen sind schwerfälliger. Von der Idee bis zur Umsetzung führt manchmal ein langer Weg. Wegen der Interessenvielfalt sind in großen Gruppen formalisierte Verfahren notwendig. Manchmal verändert sich eine Idee auf diesem Weg bis zur Unkenntlichkeit.

Die emotionale Intensität macht die Kleingruppe aber auch störanfälliger. Zuneigung und Ablehnung werden intensiver erlebt. Gruppendynamiker vergleichen die Beziehungsmuster in Kleingruppen mit denen in der Familie: Ist das Vertrauen gestört, lehnen die Beteiligten einander oft mit der ganzen Person ab. Irgendwann bleibt nur die Trennung als Ausweg.

In großen Gruppen verhalten sich die Mitglieder kontrollierter. Sie erwarten persönlich weniger voneinander. Einfluss und Vertrauen sind unterschiedlich verteilt. Die größere emotionale Distanz ermöglicht einen anderen Umgang mit Unter-

schieden. Formale Regeln und Abläufe machen die Großgruppe berechenbarer und weniger personenabhängig.
In großen Gruppen können nicht mehr alle Informationen zum gleichen Zeitpunkt an alle gegeben werden, schon deshalb nicht, weil die Gruppe seltener zusammenkommt und die Informationsmenge mit der Gruppengröße ständig steigt. Damit dies nicht als Willkür und Cliquenwirtschaft erlebt wird, müssen neben der mündlichen Information auf der Teamsitzung andere Formen und Zugänge zu Informationen entwickelt werden.

## Große Einrichtungen brauchen besondere Arbeitsformen

»Die Großgruppe denkt, die Kleingruppe fühlt« (Schmidt/Berg 1995, S.310).

Mit dieser Kurzformel können Sie die unterschiedlichen Qualitäten gezielt einsetzen.

Sitzungen des gesamten Teams sind dazu da, Meinungen zu ermitteln und zu entscheiden. Die Vor- und Nachbereitung und gedankliche Verarbeitung sollten dagegen eher in kleinen Gruppen stattfinden.

Sitzungen eines großen Teams brauchen eine starke Steuerung. Spontaneität und persönliche Betroffenheit müssen begrenzt werden. Die Sitzungsleitung sollte informelle Kommunikation und Abschweifungen trotzdem in gewissem Umfang tolerieren, weil daraus oft kreative Einfälle und Problemlösungen entspringen. Sitzungen, die übersteuert und von Verfahrensfragen dominiert werden, ermüden und bringen vergleichweise schlechtere Ergebnisse.

In Großgruppensitzungen ist **methodische Abwechslung** besonders notwendig. Geben Sie dem Team Zeit, um sich in kurzen »Murmelphasen« (alle tauschen sich fünf Minuten mit ihren Nachbarn zum Thema aus) oder Kleingruppen vom an-

strengenden Vorgehen im Plenum zu erholen. So können die Mitarbeiterinnen immer wieder einen persönlichen Bezug zum Thema herstellen. Dies gilt vor allem bei brisanten Themen.
Das zeitliche Verhältnis zwischen Plenum und Untergruppen sollte ungefähr 1:1 betragen. Das folgende Schema verdeutlicht eine mögliche Arbeitsteilung:

| **Großgruppe** | **Kleingruppe** |
| --- | --- |
| Orientierung geben | Verarbeiten: persönlichen Bezug herstellen |
| Informationen für alle | eigene Betroffenheit klären, Ideen entwickeln |
| Meinungsbilder ermitteln | Verarbeiten: Vor- und Nachteile ermitteln, Konsequenzen und Handlungsbezug festlegen |
| Auseinandersetzung: Pro und Contra | Verarbeiten |
| Entscheidungen fällen, die alle betreffen | Entscheidungen umsetzen |

Die Leitung eines großen Teams trägt Verantwortung für eine gute »Komposition« der verschiedenen Gruppenformen. Das Team wertet regelmäßig aus, wie befriedigend dies gelingt oder wie die Arbeitsweise angepasst werden müsste. (Hinweise dazu finden Sie im Kapitel 10 über das Feedback. Zusätzliche Hinweise zu einer teamorientierten Gestaltung Ihrer Besprechungen finden Sie im Kapitel 11 und im TOP-Band »Moderation und Gesprächsführung«)

# 7 Entscheidungen treffen

## Typische Probleme

»Ein gutes Team trifft seine Entscheidungen durch Konsens«. Diese – meist nicht diskutierte – Annahme prägt in vielen Teams den Umgang mit Entscheidungen. Der Versuch, alles gemeinsam zu entscheiden, führt dabei nicht selten zur Entscheidungsunfähigkeit.

Leitungskräfte begründen solches Vorgehen meist mit ihrem demokratischen Führungsverständnis. Doch eine Leiterin, die ihre Entscheidungskompetenz völlig abgibt, führt deshalb nicht schon teamorientiert. Wenn sie ihr Team damit überfordert, entsteht ein Verantwortungsvakuum, wie folgende Situation aus unserer Beratungspraxis zeigt:

Die Leiterin bittet das Team zu entscheiden, welches Teammitglied für einige Wochen als Vertreterin in einer anderen Einrichtung desselben Trägers arbeiten soll. Jede Erzieherin kann begründen, weshalb sie dafür nicht in Frage kommt. Die Diskussion dreht sich über mehrere Teamsitzungen hinweg im Kreis. Spannungen entstehen. Als der Termin näher rückt, entscheidet die Leiterin schließlich doch selbst.

Umgekehrt kann es allerdings auch zu Machtkämpfen führen, wenn das Team mehr Einfluss haben will, als die Leitung abzugeben bereit ist:

Die Leiterin verspricht dem Elternrat ohne Rücksprache mit dem Team, dass in diesem Jahr der Nikolaustag als Familienfest an einem Samstag gefeiert werden soll. Als Reaktion darauf sprechen einige Erzieherinnen Eltern an, die nun bei der

Leiterin protestieren, sie seien mit einem Wochenendtermin nicht einverstanden.

### Scheindemokratie

In welchem Kreis wird in Ihrer Einrichtung entschieden? Dass ein Thema auf der Tagesordnung der Teamsitzung erscheint, muss nicht bedeuten dass dort gemeinsam entschieden wird. Erfahrungen wie die folgenden können ein Team lähmen:

Die Leitung stellt ein Problem zur Diskussion. Das Team nimmt an, dass es darüber entscheiden soll. Die Leiterin wollte aber lediglich ein Meinungsbild haben und entscheidet anders. **Wirkung:** Weil die gegenseitigen Erwartungen nicht übereinstimmen, fühlt sich das Team um seine Entscheidung betrogen (»Scheindemokratie«). Einige Teammitglieder haben sich bereits im Voraus abgesprochen und präsentieren auf der Teamsitzung eine fertige Lösung, die sie hartnäckig vertreten. **Wirkung:** Die anderen fühlen sich unter Druck gesetzt. Der Teamzusammenhalt und das gegenseitige Vertrauen sinken. Einige fragen, wieso man überhaupt noch zusammenkäme, wenn alles vorher entschieden sei. Einige Teammitglieder engagieren sich, die Mehrheit beteiligt sich nicht an der Diskussion. Die Sitzungsleiterin fasst zusammen: »Wenn niemand dagegen ist, machen wir es so.«
**Wirkung:** Die Einigkeit ist nur scheinbar gegeben. Die Entscheidung wird nur halbherzig umgesetzt oder erneut diskutiert.

### Wie Gruppen es schaffen, sich nicht zu entscheiden

Übertrieben harmoniebedürftige Teams vermeiden Meinungsverschiedenheiten häufig so: Ein brisanter Vorschlag einer Mitarbeiterin wird von den anderen einfach überhört, die Gruppe weicht plötzlich auf andere Themen aus, vorzugsweise auf solche, bei denen sich alle einig sind.

Diese Verhaltensweisen können eine unbewusste Angst vor Konflikten ausdrücken. Konsens- und Konfliktfähigkeit bedingen sich gegenseitig. In ihnen kommen die Reife und die kommunikativen Kompetenzen der Teammitglieder zum Ausdruck.

Gruppenentscheidungen sind nicht »an sich« besser als Einzelentscheidungen. Mitarbeiterinnen nehmen in der Regel nicht die Einzelentscheidung übel, sondern unklare Botschaften und Verfahrensweisen der Leitung, was den Grad der Beteiligung betrifft. Manche Themen werden nur deshalb auf der Teamsitzung besprochen, weil Einzelne die Verantwortung für die Entscheidung nicht übernehmen wollen. Verantwortlich ist aber nur, wer letztlich entscheidet, und nicht, wer lediglich nach seiner Meinung gefragt wurde.

Statt ein bestimmtes Entscheidungsprinzip zu verabsolutieren, schlagen wir Ihnen als teamorientierte Grundhaltung vor: **Ein arbeitsfähiges Team kennt die verschiedenen Formen, Entscheidungen zu treffen. Es setzt sie angemessen ein und überprüft diese Kompetenz regelmäßig.**

Die wichtigsten Entscheidungsformen finden Sie in der folgenden Übersicht. Natürlich gibt es auch Mischformen.

## Verschiedene Entscheidungstypen

**Einzelentscheidung:** Eine Person, meist die Leiterin, fällt die Entscheidung. Vor der Entscheidung können Meinungen anderer erfragt werden, die jedoch nicht berücksichtigt werden müssen.

**Entscheidung durch Avantgarde:** Interessierte Teammitglieder fassen einen Beschluss, der nur für sie gilt.

**Minderheitsentscheidung:** Beauftragte oder interessierte Teammitglieder fassen einen Beschluss, der für das gesamte Team gilt.
**Mehrheitsentscheidung:** Mehr als die Hälfte der Teammitglieder fasst einen Beschluss, der dann für alle bindend ist.
**Kompromiss:** Argumente werden so lange ausgetauscht, bis die Gruppe eine Lösung findet, in der sich alle mindestens zu einem Teil wiederfinden können.
**Entscheidung im Konsens:** Alle Teammitglieder finden ihre Anliegen vollständig berücksichtigt.

### Übung: Wie entscheiden wir?

(nach Francis/Young)

**Ablauf:**

Lesen Sie sich die folgenden Aussagen durch. Wenn Sie an Entscheidungen denken, die Ihre Einrichtung insgesamt betreffen, welche Aussagen treffen dann am meisten zu ? Bitte kreuzen Sie nur diese Aussagen an.

- ❑ Wir diskutieren als Team, aber die Leitung behält sich das letzte Wort vor.
- ❑ Einige bestimmen die Diskussion und setzen ihre Meinung durch.
- ❑ Die Leitung sondiert bereits im Vorfeld die Meinungen und gibt dann auf der Teamsitzung das Ergebnis bekannt.
- ❑ Es gibt Teammitglieder, die mit anderen eigenverantwortlich über Vorhaben entscheiden und sie dann auch durchführen.
- ❑ Bei uns beteiligen sich alle und unterstützen getroffene Entscheidungen aktiv.
- ❑ Wenn sich eine Mehrheit abzeichnet, stimmen wir meistens ab.

❏ Wir diskutieren so lange, bis alle sich einverstanden erklären.
❏ Wir achten darauf, dass jeder der Entscheidung zumindest teilweise zustimmen kann.
❏ Wenn wir nach längerer Diskussion nicht in der Lage sind, zu entscheiden, entscheidet die Leitung.
❏ Bei uns bilden sich Gruppen, die autonom entscheiden.
❏ Uns ist wichtig, dass sich alle an der Entscheidungsfindung beteiligen.
❏ Die Leitung entscheidet das meiste, weil sie es auch gegenüber dem Träger verantworten muss.
❏ Uns ist wichtig, dass mindestens die Hälfte des Teams einer Entscheidung zustimmen kann.
❏ Wir benennen Vertrauenspersonen, die zusammen mit der Leitung entscheiden.

**Auswertung:**
Jedes Teammitglied wertet anhand der folgenden Tabelle aus, welche Entscheidungstypen in Ihrer Einrichtung häufig anzutreffen sind.

| | |
|---|---|
| Dominanz der Leitung | 1, 3, 9, 12 |
| Dominanz einer Minderheit | 14, 2 |
| Avantgarde-Entscheidungen | 4, 10 |
| Parlamentarische Demokratie | 11, 5 |
| Kompromiss- und Konsensverfahren | 7, 8, 6, 4 |

Vergleichen Sie danach Ihre Bewertungen und diskutieren Sie Ihre Veränderungswünsche.

Auswertungsfragen:
- Welche konkreten Erfahrungen haben zu unterschiedlichen Bewertungen geführt ?
- Bin ich/sind wir mit diesem Ergebnis zufrieden?
- Was soll eventuell verändert werden?

### Vorteile und Nachteile verschiedener Entscheidungsformen
### Wie viel Zeit haben Sie?

Das Team identifiziert sich mit Kompromiss- und Konsensentscheidungen am meisten, wenn die Gruppe alle Argumente gemeinsam durchdacht und um die beste Lösung gerungen hat. Dieser Weg benötigt aber oft viel Zeit. Deshalb ist es sinnlos, diese Methode unter Zeit- oder Handlungsdruck anzuwenden.

Bei den anderen Entscheidungstypen braucht es dagegen im Nachhinein viel Überzeugungsarbeit, bis sich alle angepasst haben. Manchmal müssen Entscheidungen auch nachgebessert oder revidiert werden, weil wichtige Argumente nicht bedacht worden sind.

Damit haben Sie als Leitung einen Maßstab für die angemessene Entscheidungsform: Je mehr Identifikation und Engagement Sie sich jeweils vom Team wünschen, desto mehr Beteiligung ist notwendig.

## So geht es! Ein Leitfaden zur Konsensfindung

Wenn Sie sich entschieden haben, ein Problem im Konsens zu lösen, können Sie als Moderatorin den folgenden »roten Faden« nutzen:

**1. Was genau ist das Problem?**
Achten Sie darauf, dass die Gruppe das Problem definiert, nicht die Leitung oder Einzelne. Nehmen Sie sich Zeit, den Sachverhalt aus verschiedenen Perspektiven zu betrachten und alle einzubeziehen.

**2. Formulieren Sie die Entscheidungsfrage!**
Klären Sie, ob alle bereit sind, an dieser Frage zu arbeiten und andere Sachen zurückzustellen. Kriterien:
Ist die Entscheidungsfrage konkret formuliert? Ist sie von uns als Gruppe zu entscheiden? Haben wir alle notwendigen Informationen? Sind alle Betroffenen anwesend?

**3. Geben Sie allen Gelegenheit, ihre Meinung zum Thema zu äußern!**

**4. Sammeln Sie Lösungsvorschläge!**
Die Vorschläge werden ohne Diskussion und Bewertung aufgeschrieben. Falls notwendig, konkretisieren Sie die Vorschläge durch Nachfragen. Vermeiden Sie, diese Phase zu schnell zu beenden, wenn sich eine Mehrheit für eine Lösung abzeichnet. Ermutigen Sie die Teammitglieder zum Weiterdenken. Manchmal erweisen sich gerade ungewöhnliche und auf den ersten Blick scheinbar unsinnige Lösungen später als produktiv.

**5. Prüfen Sie die Lösungsvorschläge nacheinander!**
Achten Sie darauf, dass jeder Vorschlag ernsthaft geprüft wird. Welche Konsequenzen, Vor- und Nachteile hat er? Die Vorschläge sollen einzeln diskutiert und nicht miteinander vermischt werden. Visualisieren Sie die genannten Punkte.

**6. Suchen Sie nun gemeinsam nach der bestmöglichen Lösung!**
Arbeiten Sie den Konsensvorschlag heraus, indem die Vor- und Nachteile aller Vorschläge gegeneinander abgewogen und die Bedürfnisse aller gewürdigt werden. Dazu braucht es eine offene, nicht bewertende Atmosphäre. Wichtig sind Ich-Aussagen wie »Ich hoffe..., ich befürchte..., für mich bedeutet das...« Im Laufe der Diskussion entstehen oft ganz neue Lösungen, die die wichtigsten Aspekte verbinden.

7. **Formulieren Sie den Konsensvorschlag!**
   Der Entscheidungsprozess ist erst dann abgeschlossen, wenn der Beschluss konkret, handlungsbezogen und mit Verantwortlichkeiten formuliert ist. Vereinbaren Sie eventuell eine Probezeit.

8. **Jedes Teammitglied nimmt Stellung zum gefundenen Beschluss.**
   Fassen Sie abschließend kurz zusammen: Ist der Konsens gefunden? Wer kontrolliert die Durchführung des Beschlusses?

### Wenn aber trotzdem kein Konsens gefunden wird...

...dann hat die Gruppe zumindest größere Klarheit über ihre Differenzen gewonnen, die auf Interessenunterschiede zurückgehen. Diese sollten Sie abschließend deutlich benennen. Die Gruppe muss besprechen (oder aber die Leitung entscheidet), wie sie damit weiter umgehen will. Dazu finden Sie Anregungen im Kapitel Konfliktmanagement.

**Konsensfindung wird durch kommunikative Fähigkeiten gestützt:**

**Konsensverhinderndes Verhalten:**
- Nachgeben um des lieben Friedens willen
- die Meinung anderer abwerten
- Druck ausüben
- nach Mehrheiten suchen
- Kuhhandel (wenn du nachgibst, dann biete ich dir an...)

**Konsensförderndes Verhalten:**

- Die eigene Meinung konkret und sachlich darlegen
- aktiv zuhören, um die Beweggründe anderer zu erfahren
- die Perspektive wechseln
- nicht nach der erstbesten Lösung suchen

# 8 Zank und Streit? Konfliktmanagement

## Was uns Konflikte bedeuten

»Ich mag Konflikte eigentlich nicht besonders gern. Ich halte sie zwar für wichtig und man muss sie auch austragen, aber am liebsten hätt' ich gar keine.«

In einem Projekt des Deutschen Jugendinstituts zum »Konfliktverhalten von Kindern in Kindertagesstätten« antworten die meisten Erzieherinnen so oder ähnlich auf die Frage, was Konflikte ihnen persönlich bedeuten (DJI 1997, S. 6). Dabei unterscheiden die Sozialpädagoginnen Konflikte zwischen Kindern, private und berufliche Konflikte. Nach eigenen Aussagen ist ihr Konfliktlösungspotential im Falle von Kinderkonflikten am größten, am geringsten in beruflichen Konflikten. Diese Selbstbeschreibungen stimmen durchaus mit einer Untersuchung von Andreas Frey überein (DJI 1997, S. 29).

Friedrich Glasl unterscheidet zwei extrem unterschiedliche Haltungen in Konflikten. Er beschreibt sehr konfliktscheue und betont streitlustige Menschen (Glasl 1998, S. 11ff.). Wenn die jeweilige Haltung von vielen innerhalb einer Einrichtung geteilt wird, dann hat dies auch Folgen für die Kultur dieser Einrichtung. Konfliktscheue Mitarbeiterinnen prägen dann eine Kultur der Konfliktvermeidung und Konfliktunterdrückung.

**Tatsächlich kann ein flüchtiger, oberflächlicher Blick in viele Einrichtungen den Eindruck erwecken, es gäbe dort überhaupt keine Probleme.** Eltern haben auch oft diesen Eindruck – und »fallen dann aus allen Wolken«, wenn plötzlich doch Konflikte offenbar werden. Dummerweise äußern sich diese, lange unter Verschluss gehalten, dann oft besonders heftig. Gleichzeitig geschieht dies in Teams, die bisher wenig Erfahrungen in der produktiven Bewältigung von Konflikten haben.

**Teamentwicklung kommt aber ohne ein gewisses Maß an guter Konfliktbewältigung nicht voran**. In diesem Kapitel führen wir Sie in einige Gedanken und Übungen ein, die Ihnen helfen können, Konflikte besser zu verstehen und produktiv zu nutzen. Ein weiterer Band in dieser Reihe wird das Thema weiterführen und vertiefen.

## Was ist das eigentlich: ein Konflikt?

Nicht jede Wahrnehmung eines Unterschieds führt zu einem Konflikt. Wir wollen von Konflikten erst dann sprechen, wenn unterschiedliche Interessen in Handlungen münden, die nicht gleichzeitig oder vollständig zur Ausführung kommen können.

So besteht noch kein Konflikt, wenn Martina eine Meditation anbieten und Antje ein Jazzdance-Training anleiten möchte. Ein Konflikt besteht zum Beispiel erst dann, wenn beide dies gleichzeitig im gleichen Raum tun wollen. Diese Situation kann wiederum von einem weiteren Konflikt überlagert werden, wenn die persönlichen Vorhaben im Gegensatz zu einem Einrichtungsziel stehen, an das die Leiterin erinnert: An diesem Tag sollten alle Erzieherinnen einen Beobachtungsbogen zu Gesellungsformen der Kinder im Freispiel testen.

Bei Martina und Antje liegt eine Kompromisslösung nahe. Wenn aber keine der beiden in einen anderen Raum ausweichen will und aus dem Konflikt ein Machtkampf wird, wäre es wichtig zu wissen, worum es eigentlich noch geht. Dann könnten die beiden ihren Konflikt nämlich mit dem richtigen Thema austragen.

Dem Konflikt Leiterin vs. Erzieherinnen liegt die Frage zugrunde, ob individuelle oder übergreifende Sachinteressen Vorrang haben. Eine Klärung darüber ist eine wichtige Grundlage für künftige Entscheidungen und schafft Sicherheit für alle Beteiligten.

Konflikte können also positive Wirkungen haben. In Konflikten liegen Chancen, denn »der Sinn von Konflikten liegt im Bearbeiten der Unterschiede« (Schwarz 1990, S. 15). Voraussetzung ist jedoch, dass sie - abhängig von den Persönlichkeiten und Erfahrungen der Beteiligten sowie dem Einrichtungszweck – angemessen bearbeitet werden. Geschieht dies nicht, können auch negative Wirkungen eintreten. Unter Verwendung eines Schemas von Schmidt-Berg (1995, S. 317) kann man folgende Wirkungen beschreiben:

| Mögliche positive Wirkungen | Mögliche negative Wirkungen |
|---|---|
| Konflikte bilden die Voraussetzung von Veränderung, | Konflikte verhindern, dass sich Neues entwickelt und bringen Stress, |
| mobilisieren Kräfte, | stabilisieren Machtverhältnisse, |
| erhöhen die Leistung (zum Beispiel in Wettbewerbssituationen), | verwirren die Mitarbeiter, |
| erhöhen den Gruppenzusammenhalt, | schaffen Feindbilder und vergeuden Ressourcen, |
| schaffen persönliche Profile, | schwächen den Zusammenhang, |
| befördern eine genauere Selbstwahrnehmung. | führen zu Resignation und Stillstand. |

Es könnte sein, dass hinter der eingangs zitierten Aussage entweder solche negativen Erfahrungen oder die Furcht vor negativen Folgen stehen.

## Wie gehen wir mit Konflikten um?

Die beiden oben beschriebenen Konflikte können – schematisch gesehen – auf drei unterschiedliche Weisen gelöst werden:

**Macht entscheidet**
Hier wird eine Lösung vom Mächtigeren erzwungen. Macht hat der, der über einen entsprechenden Status oder/und über entsprechende Machtmittel verfügt. Gängige Mittel sind Beziehungen, Geld oder Gewalt.

Eine der beiden Erzieherinnen könnte Unterstützerinnen für ihr Anliegen mobilisieren oder durch Verharren im umstrittenen Raum Fakten setzen. Beide Konflikte könnten wiederum von der Leiterin durch ein »Machtwort« entschieden werden.

**Recht entscheidet**
Diese Verfahrensweise setzt voraus, dass es eine entsprechende Grundlage gibt, zum Beispiel in Form von protokollierten Beschlüssen, einer Konzeption, Anweisungen des Trägers oder von Gesetzestexten. Aber das genügt noch nicht, denn »Recht haben ist noch nicht Recht bekommen«. Sollten die Konfliktpartner sich also nicht über die Rechtsgrundlage einigen können, braucht es eine dritte Instanz, die entscheidet.

**Interessen entscheiden**
Das ist die anspruchsvollste, jedoch auch befriedigendste Form der Konfliktlösung, denn der Interessenausgleich erfordert unter Umständen, dass die Konfliktpartner ihre tiefer liegenden Wünsche und Bedürfnisse erforschen und einen Konsens suchen. Ein solcher Interessenausgleich kann dabei durchaus ein Verhandlungsergebnis sein (vgl. »Rollen verhandeln«).

Welche Entscheidungsverfahren im gesamten Team möglich sind, können Sie im vorigen Kapitel nachlesen.

### Fragen zum besseren Verständnis eines Konflikts

- Wer sind die Hauptbeteiligten und wer die Mitbetroffenen des Konflikts? Sind außer den Hauptbeteiligten eigentlich andere Menschen als Konfliktadressaten gemeint?
- Worüber gehen die Meinungen auseinander? Was ist das tiefer liegende Thema des Konflikts?
- Wie und wo kam der Konflikt ans Licht?
- Welche Strategien wenden die Konfliktbeteiligten an?
- Welche Organisationsebene berührt der Konflikt: Abläufe – Aufgabenverteilung – grundlegende Handlungsstrategien – Identität der Einrichtung?
- Welche Chancen birgt der Konflikt, welche negativen Folgen könnte er haben?
- Wer profitiert vom Konflikt; wer hat Interesse daran, ihn aufrechtzuerhalten?
- Welche Lösungen sind denkbar?

## Sechs Schritte Konfliktlösung

(nach Th. Gordon)

Das folgende Schema einer Konfliktlösung vermittelt Ihnen einen Leitfaden für ein schrittweises Vorgehen. Am besten ist es, wenn dieser Prozess von einer Person geleitet wird, die selbst nicht Konfliktpartnerin ist.

**Den Konflikt (am besten von allen Beteiligten) beschreiben lassen:**
Versuchen Sie, den Konflikt möglichst klar zu benennen und ihn abzugrenzen gegen andere Probleme, um handlungsfähig zu bleiben.
**Mögliche Lösungen entwickeln:**
Regen Sie die Mitarbeiterinnen zu möglichst vielen Lösungen an und schreiben Sie sie auf, ohne jetzt schon zu bewerten.

**Lösungsmöglichkeiten kritisch bewerten:**
Streichen Sie die für Einzelne unannehmbaren Lösungen und fordern Sie auf, Begründungen für favorisierte Lösungen zu benennen.
**Sich für die beste annehmbare Lösung entscheiden:**
Beschreiben Sie die Lösung so genau wie möglich und weisen Sie darauf hin, dass diese Entscheidung widerrufbar ist, wenn neue Erkenntnisse vorliegen.
**Wege zur Ausführung erarbeiten:**
Bestimmen Sie, wer wofür bis wann verantwortlich ist, und wie dies kontrolliert wird.
**Folgen kritisch bewerten:**
Überprüfen Sie zu einem festgelegten Zeitpunkt, ob die Lösung noch stimmt und bestätigen Sie den Erfolg.

## Übungen

### Übung: Die Konfliktlösungs-Kette

Für die folgende Übung unterstellen wir, dass es in jedem Team eine Fülle von kleinen, ungelösten Konflikten gibt. Im Rahmen dieser Übung können Sie solche Konflikte besprechen und auf einer pragmatischen Ebene klären. Möglicherweise wird die »Kette« bei Ihnen mit der Zeit zu einem beliebtem Ritual. Für den Anfang sollten Sie sich einen geschützten Raum (genügend Zeit, Konzentration, Unterstützung durch Beratung) sichern.

**Ablauf:**
Stellen Sie zwei Stühle vor oder in den Sitzkreis und erläutern Sie die Übung. Wer etwas mit einem anderen klären möchte, setzt sich auf einen der beiden Stühle und lädt den anderen zum Gespräch ein. Der kann die Einladung annehmen oder ablehnen.

Vor den anderen Beteiligten besprechen die beiden nun ihren Konflikt. Sie versuchen, eine möglichst praktische Lösung zu finden. Jeder der beiden hat jederzeit das Recht, das Gespräch für beendet zu erklären. An diesem Punkt verlässt der Einladende die »Bühne«. Nun ist der Zweite an der Reihe, einen Konfliktpartner zum Gespräch einzuladen.

Die Kette setzt sich solange fort, bis niemand mehr eine Einladung aussprechen möchte oder die festgelegte Zeit verstrichen ist. Sollten innerhalb dieser Zeit beide Stühle frei werden, kann natürlich durch die Initiative eines weiteren Teammitglieds eine neue Konfliktlösungskette begonnen werden.

## Übung: Fairer Streit

Die folgende Übung (nach Schmidt/Berg 1995, S. 337f.) ist ein Strukturierungsmodell für Konfliktgespräche, in dem ein Konfliktpartner (A) Interesse an einer Verhaltensänderung des anderen (B) hat. Es sollte in persönlicher Form, also in Ich-Form, geführt werden. Beide Kontrahenten wählen sich je einen Berater.

**Ablauf:**
A bespricht mit seinem Berater sein Problem. B kann das Gespräch mithören, das muss aber nicht sein. Dann trägt A sein Anliegen B vor. B reagiert nicht sofort, sondern wiederholt das Gehörte sinngemäß.

Nun bespricht A mit seinem Berater, welches veränderte Verhalten er sich von B wünscht. A trägt B diesen Wunsch vor. B wiederholt wiederum den Wunsch mit seinen Worten.

Dann bespricht B mit seinem Berater, wie er auf den Wunsch reagieren kann. Danach trägt B seine Antwort A vor, der nun dies in seinen Worten wiederholt. Abschließend äußert sich A (nach einer Beratung), ob er mit der Antwort von B zufrieden ist. Eventuell schließt sich eine neue Runde an.

# 9 Teams in ihrer Umgebung

## Wir können nicht sehen, was wir nicht sehen können

In George Orwells Fabel »Farm der Tiere« reagiert das Pferd Boxer, einst einer der Anführer der Revolution, auf die zunehmend auftretenden Probleme mit dem einen, immer gleichen Satz: »Ich will und werde noch härter arbeiten.« Am Anfang geht diese Strategie auch auf: Boxers Leistungswille und seine Stärke spornen (fast) alle anderen Tiere an, mit ihm für das Wohl der Farm zu ackern. Doch allmählich kehrt sich dieser Einsatz gegen seine Träger. Je mehr sie leisten, desto mehr wird ihnen abverlangt. Am Ende ist Boxer ausgezehrt.

Die Tiere haben nicht erkannt, dass ihre neu gewonnene Freiheit schon nach kurzer Zeit durch die Machenschaften der Schweine bedroht ist. Ihr Aktionismus hindert sie daran, dies zu durchschauen. Und je mehr sie sich abstrampeln, desto verfahrener wird die Situation (vgl. Pesch/Sommerfeld, 1998).

Diese Geschichte zeigt, wie wichtig es ist, zur Lösung auftretender Probleme nicht nur den Blick auf das eigene Tun zu richten, sondern auch auf die Umgebung. Bisweilen liegt dort der Schlüssel für das Problem.

Wir können die Geschichte auch so lesen: Die Tiere tun ständig »mehr desselben«. Sie glauben, dass dies angesichts der steigenden Leistungsanforderungen notwendig ist. Aber sie sehen nicht, dass sie nicht sehen können oder wollen, dass dies auf der Manipulation durch die Schweine beruht. Sie haben sich in einer frühen Phase ihrer Selbständigwerdung von der Umwelt isoliert. Deshalb kann ihnen niemand den Spiegel vorhalten. Das aber wäre im Wortsinne notwendig für eine Weiterentwicklung der Farm und zur Vermeidung von Opfern.

Unsere These ist, dass reife Teams (vgl. Kapitel 2) im Austausch mit ihrer Umgebung sind, diese beeinflussen und sich von ihr beeinflussen lassen. Für Kitateams relevante, unmittelbare Umwelten sind der Träger, die Eltern, Schulen und andere Einrichtungen im Gemeinwesen. Deren gesellschaftliche Aufgaben unterscheiden sich von denen der Kindertagesstätte und erzeugen deshalb andere Interessen. Ein Team, das die Sichtweise anderer ignoriert oder gar verteufelt, isoliert sich. Teamentwicklung hat deshalb auch die Funktion, die Fähigkeit zum Perspektivenwechsel zu fördern. Und das gilt auch umgekehrt: Durch eine angemessene Konfrontierung mit der Außenwelt und die Übung des Perspektivenwechsels können Sie die Teamentwicklung vorantreiben.

## Verwaltung und Pädagogik haben unterschiedliche Logiken

Auch wenn ein Kitateam meist einen großen Handlungsspielraum hat, ist es nicht völlig autonom. In der Regel ist es Teil einer Organisation wie einer Kirchgemeinde, einer kommunalen Verwaltung, eines Wohlfahrtsverbandes oder Vereins. Dieser Überbau gerät leicht aus dem Blick, weil das Team ja oft »Herr(in) im eigenen Haus« ist.

**Verwaltungshandeln und pädagogisches Handeln unterscheiden sich erheblich.** Dieser Unterschied wird nicht völlig verschwinden, auch wenn Verwaltungen sich reformieren und Kitas sich für ökonomisches Denken öffnen.

Wir haben einige wichtige Gesichtspunkte zusammengestellt:

Verwaltungshandeln orientiert sich an Gesetzen und Richtlinien. Ein Kitaplatz soll nach rechtlich nachprüfbaren und personenunabhängigen Kriterien vergeben werden. Die Verwaltung ist hierarchisch strukturiert, jeder Mitarbeiter trägt Verantwortung nur für seinen Teil, nicht für das Ganze. Er handelt nach vorgegebenen Verfahren (Dienstweg).

Eine gute Betreuung, Bildung und Erziehung von Kindern geht von anderen Maßstäben aus. Erzieher/innen brauchen ein ganzheitliches Verständnis ihrer Tätigkeit und die Bereitschaft, gemeinsam Verantwortung für den mit Kindern und Eltern geteilten Lebensraum zu tragen. Spontaneität und Emotionalität haben im Alltag einen hohen Stellenwert. Weil das Leben nicht restlos planbar ist, geht es manchmal chaotisch zu, unterschiedliche Interessen stehen nebeneinander. Kinder und Eltern werden als individuelle Persönlichkeiten, nicht als »Vorgang« oder »Fall« gesehen.

Das Team einer Kindertagesstätte spürt die Zerreißprobe zwischen beiden Logiken häufig, etwa in Diskussionen um die Aufsichtspflicht. **Wer seine eigene Sicht verabsolutiert, ist in Institutionen nur eingeschränkt handlungsfähig.** In der Teamentwicklung geht es deshalb auch darum, Personen als Rollenträger in ihrer institutionellen Einbindung wahrzunehmen und zu den eigenen Interessen und Sichtweisen in Beziehung zu setzen. Der Blick in die nähere und fernere Umgebung kann helfen, »blinde Flecken« zu verringern. Besonders aufschlussreich kann der Blick von außen auf die eigene Einrichtung sein. Die folgenden Übungen geben Ihnen Gelegenheit, diesen **Perspektivenwechsel** vorzunehmen.

## Übungen

### Übung: Der erste Eindruck sagt (fast) alles

Eine der Grundannahmen von uns als Organisationsberatern ist, dass der erste Eindruck viel über das gesamte System bzw. die Einrichtung aussagt. Solche ersten Eindrücke können sein: Wie wird man wahrgenommen? Wenn der Besucher von jeder vorbeikommenden Mitarbeiterin begrüßt wird, ...

Wie ist das Foyer gestaltet? Wenn Ihnen an der Eingangstür vor allem Warnungen und Hausordnungen ins Auge fallen, ...

Wie werden Kinder wahrgenommen? Wenn nicht nur die Eltern, sondern auch die Kinder begrüßt werden, …
Solche angenehmen und unangenehmen Einzelphänomene werden von uns Beobachtern vorläufig nicht als Zufall gewertet, sondern als Ausdruck der allgemeinen Einrichtungskultur. Unser Vorschlag ist deshalb, dass Sie sich in die Situation eines fremden Besuchers versetzen. Versuchen Sie, zum Beispiel vor Betreten der Einrichtung am Morgen, sich in die Position eines Menschen zu begeben, der Ihre Einrichtung zum ersten Mal besucht. Seien Sie so aufmerksam, als würden Sie in eine fremde Institution kommen. Was fällt Ihnen auf? Welche Empfindungen löst das aus? Notieren Sie Ihre Beobachtungen und Einfälle, bevor die vertraute Umgebung Sie wieder einfängt.

Diese Übung können Sie auch mit dem ganzen Team machen, zum Beispiel im Rahmen von gegenseitigen Hospitationen.

## Test: Wie ist Ihr Image?

»Wir sind doch nicht im Kindergarten« ist ein geflügeltes Wort, das ein (längst überholtes) Image der Kita repräsentiert. Aber was denken Eltern, Träger, Nachbarn wirklich über Ihre Einrichtung? Welches Image haben Sie dort? Und was denken Sie, welches Image Sie bei anderen haben?

Mittels der Imageanalyse erhalten Sie einen Spiegel, der Ihnen etwas über das Bild Ihrer Einrichtung in der Außenwelt sagt.

Sie können die folgende Tabelle (entnommen Pesch/Sommerfeld, 2000) auf unterschiedliche Art nutzen. Bearbeiten Sie die Tabelle zunächst einzeln und vergleichen Sie die Ergebnisse anschließend. Erörtern Sie, welche Erfahrungen und Meinungen hinter den einzelnen Bewertungen stehen. Überlegen Sie, welche Möglichkeiten Sie haben, Missstände zu beheben.

Füllen Sie die Tabelle aus, indem Sie zunächst Ihre Wunschvorstellung und danach Ihre Einschätzung des tatsächlichen Images eintragen. Verbinden Sie die Werte zu zwei Kurven.

| **Image-Analyse**<br>**Eigenschaft** | **0%** | **50%** | **100%** |
|---|---|---|---|
| Sozial | | | |
| Flexibel | | | |
| Freundlich | | | |
| Vielseitig | | | |
| Zuverlässig | | | |
| Gesund | | | |
| Kreativ | | | |
| Natürlich | | | |
| Preisgünstig | | | |
| Leistungsorientiert | | | |
| Sicher | | | |
| Familiär | | | |
| Modern | | | |
| Lebendig | | | |
| Engagiert | | | |
| Entlastend | | | |
| Anerkannt | | | |
| Vertrauenswürdig | | | |
| Professionell | | | |
| Kommunikativ | | | |
| Einfühlend | | | |

| Eigenschaft | 0% | 50% | 100% |
|---|---|---|---|
| Teuer | | | |
| Unbekannt | | | |
| Schmutzig | | | |
| Laut | | | |
| Unsozial | | | |
| Rückständig | | | |
| Unflexibel | | | |
| Unpersönlich | | | |
| Hässlich | | | |
| Schwach | | | |
| Langweilig | | | |
| Unzuverlässig | | | |
| Faul | | | |
| Einfallslos | | | |
| Gleichgültig | | | |
| Planlos | | | |
| Laienhaft | | | |
| Unsicher | | | |
| Verständnislos | | | |

Legen Sie die Tabelle Personen vor, deren Urteil Sie interessiert und die für Ihre Einrichtung wichtig sind (Eltern; Träger; Interessenvertreter). Werten Sie die Ergebnisse aus, zum Beispiel im Vergleich mit Ihren eigenen Einschätzungen. Erörtern Sie diese Ergebnisse, unter Umständen zusammen mit den Befragten. Geben Sie den Befragten in jedem Fall eine Rückmeldung.

### Übung: Was denkt der Chef des Computerladens über unsere Arbeit?

Die folgende Übung hilft Ihnen, Ihre Arbeit aus der Perspektive anderer Personen zu betrachten. Sie können diese Übung natürlich so variieren, wie es Ihren Wünschen und Gegebenheiten entspricht.

Formulieren Sie zunächst eine Frage ähnlich der folgenden: **»Was denkt XY über unsere Arbeit?«**

Für »denken« können Sie auch folgende Begriffe einsetzen: wissen, urteilen, wahrnehmen.

Für »unsere Arbeit« können Sie auch einsetzen: unser Team, meine Funktion als Kita-Leitung, unsere Aufgaben

Vorschläge für XY: der Inhaber des Computerladens nebenan; die Leiterin der Bankfiliale; unser Träger; der Besitzer des Autohauses; die Eltern der Kinder, die in unsere Kita kommen; meine Mutter; ein Hortkind.

Entscheidend ist, dass Sie Personen wählen, deren Sichtweise und Urteil Ihnen etwas bedeuten.

Schreiben Sie nun auf Karten, was Ihnen zu der Image-Frage einfällt. Ordnen Sie anschließend die Karten in zwei Rubriken:

| Was meiner Sichtweise entspricht: | Was meiner Sichtweise widerspricht: |
| --- | --- |
| … | … |

Diskutieren Sie das Ergebnis im Team. Versuchen Sie dabei zu verstehen, was an der Sichtweise des Computerhändlers »dran ist«. Sie erweitern damit Ihre Perspektive.

# 10 Das Einfachste ist oft das Schwierigste: Feedback

Erwachsene sind meist erschrocken, wenn sich Kinder unverblümt und spontan sagen, was sie voneinander halten: »Du bist saudoof!« – »Hau ab, du stinkst!« – »Willst du mein bester Freund sein?« – »Mit dir spiel' ich nie mehr!«

Die Erwachsenenkultur ist dagegen von Vorsicht und künstlicher Zurückhaltung geprägt. Offene Kommunikation wird aus Rücksichtnahme auf die Empfindlichkeit der Mitmenschen vermieden; tatsächlich geht es aber wohl auch um den Schutz der eigenen Person. Denn »wer austeilt, muss auch einstecken können«; da verzichten wir lieber gleich auf das Austeilen.

Das Problem ist aber, dass der Verzicht auf Rückmeldung zu einem Stau von Spannungen führen kann, der sich dann irgendwann umso heftiger entlädt. Deshalb wird Feedback häufig mit negativer Kritik gleichgesetzt (»Austeilen«). Und in der Zwischenzeit haben uns die unausgesprochenen Differenzen innerlich beschäftigt und Energie geraubt. Das aber behindert effektives Arbeiten. Ein reifes Team ist auf eine realistische Selbstwahrnehmung des einzelnen Mitarbeiters und den Austausch von Fremdwahrnehmung in den Arbeitsbeziehungen angewiesen. Feedback hat mit Übung zu tun: Wir müssen Verlerntes neu einüben, in kleinen, unspektakulären Schritten, die Angst reduzieren und Sicherheit entstehen lassen. Feedback soll letztlich ein Merkmal des Alltags werden, es darf nicht in isolierten Übungen oder Ritualen konserviert werden. Diese können nur anstoßen, was in der Alltagswelt realisiert werden muss.

In diesem Kapitel erfahren Sie, was reife Formen von Feedback auszeichnet (Regeln), und wie Sie eine solche Kultur etablieren können.

## Worum geht es beim Feedback?

Feedback (engl: »zurückfüttern«) oder Rückmeldung geben bedeutet, dass wir den anderen mitteilen, wie wir sie oder den Arbeitsprozess wahrnehmen. Wir sagen damit vor allem etwas über uns aus, nämlich unsere Wahrnehmung. Entsprechend können andere ganz anderes sehen oder empfinden. Es geht also nicht um eine objektive Wahrheit, sondern um persönliche und subjektive Wahrnehmungen. Es kommt nicht darauf an, was »in Wirklichkeit« geschieht, sondern wie und was die Einzelnen wahrnehmen. Für die Teamentwicklung ist es entscheidend, dass aus dem Austausch über die individuellen Wahrnehmungen ein gemeinsames Bild der Wirklichkeit entsteht.

Wenn Sie zum Beispiel erfahren, dass Ihre ironischen Einwürfe einige Teammitglieder verärgern, werden Sie sich gelegentlich solche Bemerkungen sparen. Wenn viele Teammitglieder äußern, dass ihnen die Dienstbesprechung diesmal besonderen Spaß gemacht hat, dürfen Sie mit Recht auf Ihre Vorbereitung und Moderation stolz sein.

Feedback wird hier im Zusammenhang mit Teamentwicklung vorgestellt. Im Zusammenhang von Arbeitsgruppen dient das Feedback nicht dazu, unbewusste Tiefenschichten der Persönlichkeit zu enthüllen, wie es die Praxis von Therapiegruppen ist. Feedback im Arbeitsteam betrifft das Erscheinungsbild der berufstätigen Person. Insofern dient Feedback vor allem dazu, den »blinden Fleck« zu verkleinern.

In der folgenden Tabelle haben wir die positiven Wirkungen von Feedback aufgelistet. Ihnen gegenübergestellt sind Gefahren. Sie entstehen, wenn wichtige Feedbackregeln nicht beachtet werden.

| Positive Wirkungen von Feedback | Gefahren bei unsachgemäßem Feedback |
| --- | --- |
| Positive Verhaltensweisen werden gestützt durch Anerkennung. Beispiel: »Ich bin dir dankbar, dass du mitgedacht und mich an dieses Anliegen erinnert hast.« | Manipulation durch Belobigung (Wertung) erwünschten Verhaltens Beispiel: »Ich finde es toll, dass ihr die Kollegin M. trotz ihrer Inkompetenz so integriert habt.« |
| Verhaltensweisen können korrigiert werden, die dem Einzelnen oder der Gruppe in ihrem Auftrag nicht weiterhelfen Beispiel: »Ich könnte deinem Vorschlag besser folgen, wenn du uns einzelne, machbare Schritte beschrieben hättest.« | Unerwünschte Verhaltensweisen werden durch zerstörerische Kritik abgestraft: Beispiel: »Was du da aufgeschrieben hast, hat doch höchstens Hilfsschulniveau.« |
| Beziehungen zwischen Teammitgliedern werden geklärt, wechselseitiges Verständnis wird gefördert. Beispiel: »Bis heute dachte ich immer, ihr würdet das ohne mich nicht packen. Jetzt kann ich euch besser einschätzen.« | Eine Beziehungsklärung findet statt, wird aber aufgenötigt und übt Zwang aus. Beispiel: »Ich finde Du verhälst Dich zu mir wie eine kleine Schwester.« |

Möglicherweise fällt Ihnen zwischen der linken und rechten Spalte kein Unterschied auf.
**Halten Sie die Unterscheidung für »haarspalterisch«?**

Im nächsten Abschnitt finden Sie einige Regeln für angemessenes Feedback mit Begründungen. Kehren Sie danach zu dieser Tabelle zurück und überprüfen Sie anhand dieser Regeln noch einmal den Unterschied zwischen der linken und der rechten Spalte.

## Fünf Regeln für gutes Feedback

### Beschreiben – nicht bewerten

Beschreiben Sie Ihre Wahrnehmungen, Ihre Empfindungen und Ihre Überlegungen über Konsequenzen des Wahrgenommenen. Vermeiden Sie Bewertungen, Interpretationen und Unterstellungen über Motive und Charaktereigenschaften des anderen, es fällt dann leichter, auch kritisches Feedback zu senden und zu empfangen. Diese Regel wird von Trainern übereinstimmend als wichtigste Regel beschrieben – sie ist auch die schwierigste.

### Positive Rückmeldungen vor negativen Rückmeldungen

Versuchen Sie, wenigstens einen für Sie positiven Effekt zu benennen, bevor Sie sich den für Sie ungünstigen Aspekten zuwenden. Es hilft, beide Dimensionen zu betrachten und macht den Feedback-Nehmer aufnahmebereiter.

### Regelmäßig und rechtzeitig – nicht unzeitig

Zeitnahes Feedback ist am wirksamsten und kann von allen Beteiligten am besten mit der betreffenden Situation verbunden werden.

### Erwünscht – nicht aufgenötigt

Am leichtesten wird ein direkt erbetenes Feedback angenommen (»Kannst du mir mal sagen, wie das auf dich gewirkt hat?«). Schlagen Sie Ihre Rückmeldungen dem anderen nicht »wie einen nassen Waschlappen um die Ohren«. Überprüfen

Sie, ob Sie der Wunsch nach einer Verbesserung der Zusammenarbeit antreibt.

**Konkret – nicht allgemein**

Beziehen Sie Ihr Feedback möglichst auf konkrete Situationen, dann ist es nachvollziehbar. Mit allgemeinen und generalisierenden Aussagen kann Ihr Gegenüber wenig anfangen und wird sich gegen Festlegungen wehren.

## Übungen

### Übung: Partner-Feedback (nach Antons)

Die folgende Übung können Sie im Anschluss an Dienstbesprechungen oder Teamklausuren durchführen. Sie hilft, die gegenseitige Wahrnehmung zu verbessern und das Verantwortungsgefühl zu stärken.

**Ablauf:**

Bitten Sie die Teammitglieder, sich zu zweit für ein Partner-Feedback zu finden. Zunächst fragt A den anderen (B), wie er sich in der letzten Teamsitzung/-klausur gefühlt habe, wie er sich verhalten habe und welches Verhältnis Gefühl und Verhalten zueinander hatten. Danach sagt A dem anderen, wie er sein Verhalten wahrgenommen hat und welchen Eindruck das auf ihn gemacht habe. Anschließend ist B an der Reihe, A die genannten Fragen zu stellen und ein Feedback zu geben.

### Kleine Feedback – Verfahren für den Alltag

Mit den folgenden Verfahren können Sie erfahren, wie die einzelnen Teammitglieder den Arbeitsprozess erleben. Sie erhalten einen Gruppenspiegel.

## Übung: Das Blitzlicht

Bitten Sie nach einer Besprechung darum, dass alle Mitarbeiterinnen zwei Sätze zu einer oder zwei der folgenden Fragen sagen:

Was war für mich heute das wichtigste Thema?
Wie fühle ich mich jetzt?
Wie erlebte ich heute die Zusammenarbeit?
Was habe ich heute befürchtet – was ist eingetreten?
Wie engagiert war ich heute?

Sie können den Austausch beschleunigen, wenn Sie an die Spielregel erinnern (zwei Sätze) und einen Gegenstand herumreichen lassen, der markiert, wer gerade das Wort hat.

## Übung: Das Stimmungsbarometer

Mit dem Stimmungsbarometer können Sie das augenblickliche Befinden der einzelnen Mitarbeiterinnen erfassen. Zeichnen Sie dazu auf einen Flipchartbogen folgendes Bild und bitten Sie die Teammitglieder, an die jeweils passende Stelle zwischen den Polen einen Punkt zu setzen.

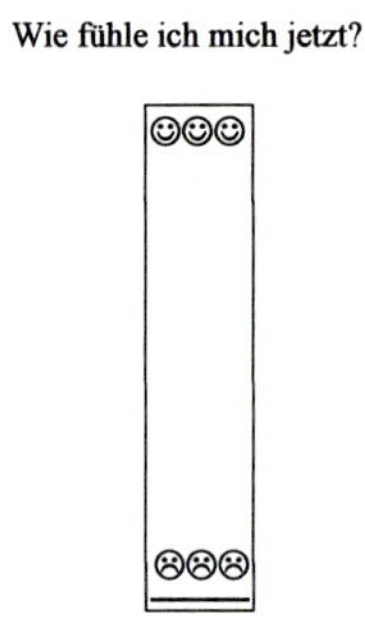


## Übung: Das Rückmeldediagramm

Mit dem Rückmeldediagramm können Sie zwei Dimensionen gleichzeitig erfassen. Zeichnen Sie ein Diagramm (wie im Beispiel) auf eine Wandzeitung und bitten Sie die Teammitglieder, an die für sie passende Stelle einen Punkt zu setzen. Für die »Smileys« können Sie natürlich auch Begriffe einsetzen.

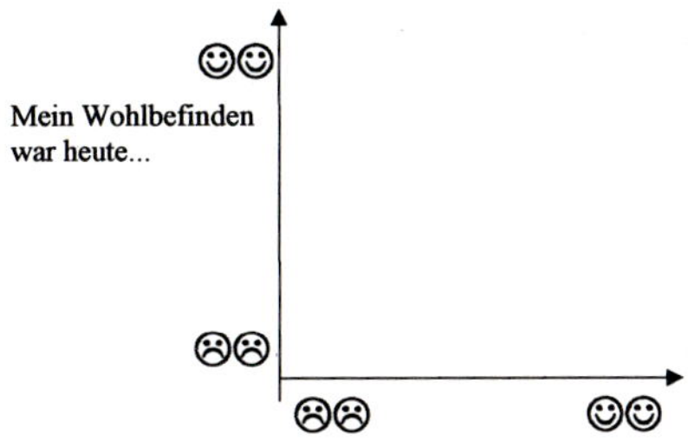


## Übung: Reisekoffer und Papierkorb

Zeichnen Sie auf zwei Wandzeitungen jeweils die Umrisse eines großen Reisekoffers und eines Papierkorbes. Bitten Sie die Teammitglieder, auf Karten aufzuschreiben, was sie während der Besprechung/Klausur an Brauchbarem gelernt haben und mitnehmen wollen (Symbol: Reisekoffer), und was für sie unnütz ist (Symbol: Papierkorb). Die Karten werden dann entsprechend an den Wandzeitungen angebracht. Ein Gruppengespräch kann sich anschließen.

## Übung: Im Fischglas

Die Fischglas- (oder Fishbowl-) Methode schafft einen geschützten Raum für das Feedback. Sie eignet sich überall dort, wo es natürliche Untergruppen gibt, die sich über die Gruppengrenzen hinaus austauschen wollen. Solche Untergruppen in der Einrichtung können sein:

Leitungsteam – Mitarbeiterinnen
Erzieherinnen unterschiedlicher Abteilungen
Sozialpädagoginnen – Hauswirtschafts-Mitarbeiterinnen
Frauen – Männer
Mitarbeiter – Eltern
Erwachsene – (Hort-)Kinder

Das Gesprächsthema im Fishbowl sollte etwas sein, das beide Untergruppen angeht, und über das es bisher keinen gemeinsamen Austausch gab.

Solche Themen können sein:
Was nimmt jede Gruppe von der anderen wahr?
Vor- und Nachteile des Dienstplans
Leistungen und Belastungen,
(unerfüllte) Wünsche an die anderen.

Im Fischglas zu sein bedeutet, dass sich die jeweiligen Untergruppen nacheinander in einen Innenkreis setzen und über das Thema aus ihrer Sicht miteinander sprechen. Die im Außenkreis Sitzenden hören zu und schweigen. Wenn beide Gruppen zu Wort gekommen sind, gibt es ein Gespräch im Plenum zur Auswertung. Das sollte von einer unbeteiligten Person geleitet werden.

Diese Gesprächsform kann sehr dynamisch wirken und viele bisher »inoffiziellen« Ansichten offenbar werden lassen. Das geschieht aufgrund von zwei Phänomenen:

Die im Innenkreis Sitzenden »vergessen« meist sehr schnell den Außenkreis. Innen entwickelt sich ein sehr intensives Gespräch, oft von einer solidarischen Haltung getragen.

Dieses Gespräch, das sonst keine außenstehenden Zeugen hätte, wird nun von den außen Sitzenden mitgehört. Sie erhalten Informationen, die sie sonst nie bekommen hätten.

## Übung: Feedback-Bogen für die Leiterin

Auf dem folgenden Feedbackbogen finden Sie gleichwertige Merkmale gegenübergestellt, so dass es auf Ihre Entscheidung ankommt, wie Sie das Profil bewerten. Sie können den Bogen auch mit Eigenschaftspaaren ergänzen, deren Überprüfung Ihnen wichtig ist. Als Alternative können Sie zusätzlich zwischen Ideal und Wirklichkeit differenzieren:

Was wäre für mich/euch ein ideales Leitungsprofil?
Wie ist mein Leitungshandeln in der Wirklichkeit?

Bitten Sie die Teammitglieder, den folgenden Feedbackbogen für das Leitungsverhalten der letzten vier Wochen (der letzten vier Sitzungen) auszufüllen. Betrachten Sie das Ergebnis als Rückmeldung über Ihr Verhalten, nicht über Ihren Charakter. Entscheiden Sie zuvor, wie öffentlich Sie das Verfahren gestalten wollen.

| | 3 | 2 | 1 | 1 | 2 | 3 | |
|---|---|---|---|---|---|---|---|
| Abwechslungsreicher Methodeneinsatz | | | | | | | Sparsamer Methodeneinsatz |
| Überwiegend zustimmend | | | | | | | Überwiegend kritisch |
| An den Teammitgliedern orientiert | | | | | | | An der Sache orientiert |
| Gefühlvoll | | | | | | | Nüchtern und sachlich |
| Bildreich | | | | | | | Abstrakt |
| Nachgebend | | | | | | | Durchsetzungsfähig |
| Begeisterungsfähig | | | | | | | Nicht leicht zu überzeugen |
| Spielerisch | | | | | | | Diszipliniert |
| Schnell entschlossen | | | | | | | Abwartend |
| Berechenbar, durchsichtig | | | | | | | Verschlossen |

# 11 Besprechungen: am Team orientiert

Die Teamsitzung ist das »Gehirn« des Teams. Hier planen, diskutieren und entscheiden Sie gemeinsam. Sie können viel dafür tun, dass Ihr Gehirn wach und produktiv bleibt.

## Teamorientiert arbeiten – an der Sache und an der Beziehung

**Das Grundprinzip der Mitarbeiterführung – sowohl an der Aufgabe als auch an den Mitarbeiterinnen orientiert – gilt ebenso für die Gestaltung von Teamsitzungen.**

Die Tagesordnung spiegelt die Aufgabe wider: planen, informieren, entscheiden. Das Team arbeitet auf seinen Sitzungen aber nicht nur ziel- und ergebnisorientiert. Oft erzählen Mitarbeiterinnen persönliche Erlebnisse (»Wisst ihr, was mir heute passiert ist...?«). Manchmal schwelgt das Team in Erinnerungen an schöne oder schwierige Zeiten. Gruppen benötigen diese Verhaltensmuster, um sich zusammengehörig zu fühlen. Jedes Team entwickelt dabei seinen eigenen emotionalen Stil. In manchen Teams wird alles bejammert, andere lachen viel miteinander, eine andere Gruppe schimpft ständig auf einen vermeintlichen Außenfeind.

Beschäftigt sich ein Team allerdings hauptsächlich mit sich selbst und seinem Befinden, verfehlt es sein Ziel. Die Sitzungsleitung sichert die Zielorientierung, indem sie das Gespräch »führt«.

Verstand und Gefühl sind dabei keine Gegensätze, sondern ergänzen einander. Die Sitzungsmoderation sollte mittels verschiedener Methoden immer wieder Gelegenheit geben, Stimmungen, Wünsche und Befürchtungen zu äußern, damit sie nicht in das informelle Leben des Teams verdrängt werden.

Menschen messen ihre Gleichrangigkeit mit anderen auch an ihrem Zugang zu Informationen. Deshalb beeinflusst der Informationsfluss im Team die persönliche Zufriedenheit besonders stark.

Das Kriterium »Zugang zu Informationen« verdeutlicht, dass Leiterinnen und Mitarbeiterinnen nicht gleichrangig sind. Die Leiterin verringert ihren Informationsvorsprung auch nicht, indem sie die Teamsitzung mit vielen Details überfrachtet. Informationen, die nicht verarbeitet werden können, gehen zum einen Ohr hinein, zum anderen wieder heraus. Wie bei der »stillen Post« wirken sie dennoch weiter und verändern sich. Sie als Leiterin wundern sich dann über Missverständnisse oder Informationsdefizite.

Damit Teamsitzungen ein Ort des Dialogs, nicht des Monologs sind, braucht das Team ein gutes Informationsmanagement. Es verhindert, dass alles mal angesprochen, aber nichts richtig entschieden wird. Für Informationen, die erreichbar sind, wenn man sie braucht und nutzen will, sind zum Beispiel Umlaufmappen, Postfächer, Info-Wände und Info-Ordner das richtige Medium. Dadurch gewinnt das Team Gesprächszeit für die wichtigen Punkte.

## Bedingungen erfolgreicher Teamsitzungen

**Sorgen Sie dafür, dass sich alle beteiligen können**

Die äußere und innere Beteiligung an der Teamsitzung ist ein Indikator für die Bedeutung der Teamarbeit und der gegenseitigen Wertschätzung. Das Zu-Spät-Kommen, das Erledigen anderer Dinge »nebenbei« – solche Verhaltensweisen zeigen und bewirken nachlassendes Interesse und Identifikation mit dem Team.

**Vermeiden Sie Störungen von außen**

Telefonanrufe und andere Störungen erschweren die konzentrierte Arbeit. Das Team sollte gemeinsam die (wenigen) Ausnahmen beschließen. (Wer darf uns aus welchem wichtigen Grund stören?)

**Schaffen Sie sich eine positive Arbeitsumgebung**

Dazu gehören: ein störungsfreier, angenehmer Raum in angemessener Größe, eine kommunikationsfördernde Sitzordnung (jeder sollte zu jedem Blickkontakt haben, Stühle im Kreis oder Quadrat anordnen) und erwachsenengerechte Stühle.

Technische Hilfsmittel (Papier, Pinnwand, Flipchart, Stifte in verschiedenen Farben und Größen, Moderationskarten) sollten immer griffbereit sein.

**Beachten Sie die verschiedenen Phasen einer Besprechung**

Zu **Beginn der Teamsitzung** sind die Mitarbeiterinnen oft abgespannt und in Gedanken noch bei ihrer Gruppenarbeit. Wenn Sie sich Zeit nehmen, anzukommen und umzuschalten, erhöht das die Konzentration. Hilfreich sind auch gemeinsame Rituale, ein Einstiegsspiel oder eine Entspannungsübung zu Beginn.

In der **Hauptarbeitsphase** stehen die Sachthemen im Vordergrund. Beginnen Sie mit den wichtigsten Besprechungs- und Entscheidungspunkten. »Kleinere« Themen und Informationen schließen sich an.

In der **Abschlussphase** werden die Ergebnisse zusammengefasst und die offenen Punkte benannt. Bitten Sie alle Teilnehmerinnen um ein Feedback zur Sitzung. Schließen Sie eventuell mit einem gemeinsamen Ritual.

## Besprechungen teamorientiert führen

Wünschen Sie sich als Leiterin manchmal mehr Beteiligung? Stört es Sie, wenn einige dauernd reden und dabei auch abschweifen, wenn viele stumm sind? Das kann auf verborgene Konflikte im Team hinweisen. Häufig verhindern aber auch die Arbeits- und Gesprächsformen die aktive Beteiligung aller. Mit Hilfe der folgenden Gegenüberstellung können Sie Ihr gegenwärtiges Verhalten beurteilen.

| **Leitungszentriert** | **Teamorientiert** |
|---|---|
| Die Kita-Leiterin | |
| entscheidet über die Tagesordnung, | Das Team entscheidet die TO gemeinsam, |
| hat als Einzige die schriftlichen Informationen, | Informationen sind vorher zugänglich, |
| spricht zu jedem TOP einleitende Worte, die oft schon Lösungsvorschläge enthalten, | die TOPs werden von verschiedenen Mitarbeiterinnen vorbereitet und vorgestellt, |
| spricht viel und lange bewertet andere Beiträge sofort, | nach einer Einleitung werden Fragen und Meinungen durch aktivierende Methoden erhoben, |
| protokolliert Ergebnisse in ihr Notizbuch. | Inhalte und Ergebnisse werden visualisiert. |

Aktivierende Methoden wie Brainstorming, Brain-Writing, Pro-und-Contra-Diskussion finden Sie im TOP-Folgeband »Moderation und Gesprächsführung«.

## Einschätzungsbogen zur Qualität Ihrer Teamsitzungen

Sechs Bereiche der Kooperation sollten sich in Teamsitzungen möglichst häufig wiederfinden lassen. Mit Hilfe des folgenden Einschätzungsbogens können Sie diese Qualitäten beurteilen.

**Ablauf:**
Jedes Teammitglied bewertet die genannten Bereiche zunächst individiduell.

**Erfolge und Misserfolge des Teams**

| | 2 | 1 | 0 | -1 | -2 | |
|---|---|---|---|---|---|---|
| Alltägliche Ereignisse, die gut gelaufen sind, werden als Erfolg bewertet. Über Fehler wird offen gesprochen, um daraus zu lernen. | | | | | | Gute Arbeit ist selbstverständlich und wird nicht besonders hervorgehoben. Schuldige werden gesucht. |

**Problemlösung und Planung**

| | 2 | 1 | 0 | -1 | -2 | |
|---|---|---|---|---|---|---|
| Probleme werden konkret und genau beschrieben. Diskussion ist lösungs- und zukunftsorientiert. Fragen, die das Team lösen kann, stehen im Vordergrund. Verantwortlichkeiten und Handlungsschritte werden verabredet | | | | | | Probleme werden allgemein und oberflächlich benannt. Diskussion ist defizitorientiert. Folgenloses Klagen steht im Vordergrund. Die Umsetzung bleibt offen. |

**Kontrolle**

| | 2 | 1 | 0 | -1 | -2 | |
|---|---|---|---|---|---|---|
| Offene Punkte werden weiterverfolgt. Beschlüsse werden kontrolliert. | | | | | | Debatten verlaufen im Sande Beschlüsse werden nicht kontrolliert. |

**Feedback**

| | 2 | 1 | 0 | -1 | -2 | |
|---|---|---|---|---|---|---|
| Die Teammitglieder sprechen sich gegenseitig Anerkennung und Kritik aus | | | | | | Das Gespräch ist unpersönlich |

**Fortbildung**

| | 2 | 1 | 0 | -1 | -2 | |
|---|---|---|---|---|---|---|
| Es gibt interessante Seminarberichte mit praktischen Übungen Fachbücher werden vorgestellt, Referenten werden eingeladen | | | | | | Das Team genügt sich selbst und ignoriert fachliche Entwicklungen |

**Information**

| | 2 | 1 | 0 | -1 | -2 | |
|---|---|---|---|---|---|---|
| Informationen werden ziel- und zweckgebunden gegeben. | | | | | | Informationen werden ohne Verwendungshinweis in den Raum gestellt. |

**Auswertung:**
Übertragen Sie die Einzelbewertungen auf einen Flipchartbogen. Besprechen Sie die einzelnen Aspekte. Diskutieren Sie dabei, wie Sie positive Ergebnisse sichern und ausbauen können, und was Sie tun können, um unbefriedigende Ergebnisse zu verbessern.

## Spielregeln für erfolgreiche Besprechungen

In der Einführung haben wir darauf hingewiesen, dass erfolgreiche Teamarbeit eine ausgewogene Balance zwischen folgenden drei Komponenten herstellt: »Ich« (das Individuum), »Wir« (die Gruppe) und »Es« (das Thema, die Aufgabe). Diese Vorstellung geht auf die »Themenzentrierte Interaktion« (TZI) zurück. (Vgl. S. 15).

Aus der TZI stammen auch die folgenden Regeln, die Sie anwenden können, um die Kommunikation und Kooperation in Besprechungen zu verbessern.

### Der TZI-Test:
### Wie gut gelingt Ihnen die Balance?

Mit dem folgenden Formular können Sie sich einen Eindruck davon verschaffen, wie lebendig Ihr Team im Sinne der TZI arbeitet und lernt. Gleichzeitig erhalten Sie damit Hinweise für Änderungen oder neue Akzentsetzungen für Ihr Leitungshandeln.

Kreuzen Sie für jede Regel (formuliert nach Cohn 1997, S. 124ff. und Kirsten/Müller/Schwarz 1982, S. 229ff.) an, wie weit sie als Aussage für Ihr Team zutrifft.

| TZI-Hilfsregel | 2 | 1 | 0 | -1 | -2 |
|---|---|---|---|---|---|
| 1. Vertritt dich selbst in deinen Aussagen; sprich per »ich« und nicht per »wir« oder per »man«. | | | | | |
| 2. Leite eine Frage an andere dadurch ein, dass du erklärst, was sie für dich bedeutet. Sage dich selbst aus. | | | | | |
| 3. Sei authentisch in deiner Kommunikation. Sprich oder schweige, wann du willst. | | | | | |
| 4. Halte dich mit Interpretationen von anderen zurück. Sprich stattdessen deine persönlichen Reaktionen aus. | | | | | |
| 5. Sei zurückhaltend mit Verallgemeinerungen. Sie unterbrechen den Gruppenprozess. | | | | | |
| 6. Wenn du einem anderen Feedback gibst, sage auch, was es dir bedeutet. | | | | | |
| 7. Seitengespräche haben Vorrang, denn sie haben ihren Grund. | | | | | |
| 8. Es darf nur einer auf einmal reden. Wenn mehrere gleichzeitig sprechen wollen, muss eine Einigung über den Gesprächsverlauf herbeigeführt werden. | | | | | |

# 12 Aus unserer Werkstatt

Zwei Berichte von Teamentwicklungsprozessen sollen Ihnen Einblick vermitteln, wie wir mit den verschiedenen Arbeitsformen und Methoden dieses Buch in der Beratung von Teams arbeiten.

## Ein Workshop zum Thema »Aufgaben und Rollen im Team«

**Vorgeschichte**

Die Leiterin einer Einrichtung rief mich an, ob ich die Leitung eines Workshops übernehmen könnte, in der das Team seine Aufgabenverteilung überprüfen und neu organisieren wolle. Nach der Klärung von Termin, Ort und Finanzierung vereinbarten wir ein Vorbereitungsgespräch, zu dem auf meinen Wunsch auch der stellvertretende Leiter und zwei weitere Erzieherinnen eingeladen wurden.

**Inhalte und Ergebnisse dieses Gesprächs**

Die Einrichtung hatte in den letzten beiden Jahren einige Veränderungen erlebt. Es gab einen Trend zur offenen Arbeit, der neue Formen der Zusammenarbeit untereinander und mit den Eltern erforderte. Gleichzeitig war eine Reihe von neuen Kolleginnen dazugekommen (von denen allerdings keine am Vorbereitungsgespräch teilnahm). Der Träger hatte einen Teil seiner Verantwortung an die Einrichtung delegiert, insbesondere für das Budget.

Wunsch der Versammelten war, eine Situationsanalyse vorzunehmen, die Aufgaben zu umreißen und klarere Aufgabenprofile zu beschreiben. Gleichzeitig sollte ein Feedbacksystem zur laufenden Überprüfung eingerichtet werden – viele Vorhaben für ein Wochenende!

Zum Abschluss stellte ich folgende Fragen:
Wann wäre das Wochenende ein Misserfolg?
Wer oder was könnte einen Erfolg verhindern?
Was würde geschehen, wenn das Team des Workshops alleine bestritte?

**Hypothesen**

Nach diesem Vorgespräch formulierte ich für mich einige Hypothesen über das Team und seine Situation:

Es gibt bei den am Vorgespräch Beteiligten eine hohe Identifikation mit der Einrichtung und ihrer Aufgabe.

Den neuen Kolleginnen wird teilweise eine geringere Identifikation unterstellt.

Die Leitung teilt ihre Verantwortung bisher ausschließlich mit den erfahreneren Kolleg/innen.

Man sieht das Dilemma, dass das bisherige Verhalten eine Cliquenbildung fördert und dies disfunktional ist für die weitere Entwicklung ist, insbesondere unter Berücksichtigung der pädagogischen Neuerungen.

Die Teamentwicklung muss dieses Dilemma zum Thema machen und in kleinen Schritten überwinden helfen.

**Der Workshop**

Der Workshop begann an einem Freitag um 16 Uhr und endete am Samstag gegen 16 Uhr. Er fand in einer Tagungsstätte statt und schloss eine Übernachtung ein. Alle pädagogischen Mitarbeiter, insgesamt 13 Personen, nahmen daran teil. Die ersten Schritte des Workshops waren von mir vorstrukturiert worden, weitere Arbeitsschritte hatte ich nur skizziert.

Der Workshop begann mit einem soziometrischen »Warm-up«. Die Kolleginnen gruppierten sich im freien Raum bzw. seinen Ecken nach Kriterien wie den folgenden:

- Längere oder kürzere Zugehörigkeit zur Einrichtung,
- Bewertung der momentanen Situation,
- Erfahrungen mit Teamentwicklungsmethoden,

- Frage: »Wie gerne bin ich hier?«,
- Erwartungen hinsichtlich des Workshops.

Nach weiteren Kriterien befragt, wünschten die Teilnehmerinnen sich außerdem die Identifikation mit der Einrichtung, die Zahl der eigenen Kinder und die Berufserfahrung der Mitarbeiterinnen.

Nach der Soziometrie stellte ich mich und mein Workshop-Konzept kurz vor. In der anschließenden Pause führten viele Teammitglieder Gespräche über Dinge, von denen sie etwas in der Soziometrie erfahren hatten: »Das wusste ich ja gar nicht von dir...«

Nach der Pause lud ich die Teilnehmerinnen ein, mit Wachsmalkreiden auf Papierbögen ein Bild ihres Teams als zoologischer Garten zu malen. Ich gab dazu folgende Hinweise:

Rücken Sie die informellen Beziehungen in den Mittelpunkt, nicht so sehr die formalen Strukturen. Entwerfen Sie nicht einen möglichst bunten, artenreichen Zoo, sondern übertragen Sie die Teamsituation auf Ihre Darstellung. Geben Sie dem Bild abschließend einen Titel. Richten Sie sich auf etwa 30 Minuten Arbeitszeit ein.

Trotz einiger Bedenken wie »Ich kann aber nicht malen!«, gingen alle an die Gestaltung ihrer Bilder.

Nach der festgelegten Zeit veranstalteten wir eine Vernissage, alle Bilder wurden ausgestellt. Nach einem Rundgang forderte ich dazu auf, kleinere Gruppen zu bilden – nach dem Kriterium der Vergleichbarkeit oder der Ähnlichkeit der Bilder. Es entstanden drei Gruppen, wobei eine ausschließlich von neuen Mitarbeiterinnen gebildet wurde. Alle Gruppen bekamen den Auftrag, sich über ihre Bilder auszutauschen und anschließend allgemeine Thesen zur Teamsituation sowie Themen für die weitere Teamentwicklung zu formulieren.

Diese Aussagen wurden an Wandzeitungen dokumentiert und anschließend im Plenum vorgetragen. Es zeigte sich, dass die Thesen zum Teil voneinander abwichen, dass aber bezüglich der Themen eine hohe Übereinstimmung bestand. Als wichtigste Aufgaben wurden folgende genannt:

Überprüfung der bisherigen Aufgabenbeschreibung,
Überprüfung der bisherigen Aufgabenverteilung,
stärkere Einbeziehung der »Neuen« in die Entscheidungsprozesse.

Nach dem Abendessen leitete ich das Spiel »Crash auf dem Mond«. Ich hatte es mit Rücksicht auf den langen Arbeitstag an den Schluss des Tages gesetzt. Die spannende, in Konkurrenz zweier Gruppen zu bewältigende Aufgabe mobilisierte noch einmal alle Kräfte, bis man sich zum Schluss ermattet, aber freudig überrascht in die Arme sank. Durch eine Zufallswahl waren gut gemischte Teams entstanden, und die Mitarbeiterinnen machten auf der symbolischen Ebene des Spiels die Erfahrung gelingender Zusammenarbeit. Der Arbeitstag schloss mit einem Stimmungsbarometer, das Gespräch war damit jedoch noch längst nicht beendet.

Am nächsten Morgen lud ich die beiden Mitglieder der Leitung ein, mit mir in einem Fish-Bowl die bisherige Geschichte der Einrichtung zu reflektieren. Ein freier Stuhl in der Mitte erlaubte den übrigen Teilnehmerinnen, kurzfristig am Gespräch teilzunehmen. Die bisherigen Traditionen und Entscheidungen konnten durch das Gespräch gut nachvollzogen werden. Gleichzeitig unterstrichen die Leitungskräfte, dass ihnen an einer gemeinsamen Umsetzung gelegen sei.

Die zweite Runde des Fishbowls bestritten die übrigen Mitglieder des Teams, wobei ich wiederum, allerdings sehr zurückhaltend, als Gesprächsleiter teilnahm. Einige Mitarbeiterinnen äußerten, dass ihnen nun zum ersten Mal klar geworden sei, wie und in welchem Zusammenhang bestimmte Entscheidungen gefallen seien. Gleichzeitig wurden zusätzliche Begründungen aus Sicht der Gruppenerzieherinnen nachgetragen, die in der Leitungssicht weniger repräsentiert waren.

Gruppendynamisch gesehen wurde die Unterscheidung »Alte – Neue« durch die Unterscheidung »Leitung – Mitarbeiterinnen« relativiert. Davon ausgenommen war ein zweiköpfiges Gruppenteam, deren Kommunikation untereinander spürbar gespannt wirkte.
Nach einer Pause bat ich jedes Gruppenteam sowie das Leitungsteam, eine Wandzeitung mit folgenden Angaben zu schreiben:

Welche Aufgaben übernehmen wir innerhalb des Gruppenteams?

Welche Aufgaben sehen wir darüber hinaus, die noch zu verteilen sind?

Im folgenden Plenum setzten sich die Gruppenteams jeweils zu ihrem Plakat und erläuterten ihre Arbeit. Auf einer zusätzlichen Wandzeitung hielt ich fest, welche übergeordneten Aufgaben bisher von niemandem übernommen worden waren. Es handelte sich dabei teils um »unbequeme« Aufgaben wie das Aufräumen im Werkraum oder die Pflege des Veranstaltungsbrettes, teils um neue, anspruchsvolle Aufgaben im Zusammenhang mit der Öffnung der Gruppen, deren Bedeutung ausgiebig erörtert wurde. In einem modifizierten Rollenverhandeln konnte die Gruppe die meisten Aufgaben verteilen. Dies geschah an einigen Punkten eher pragmatisch als inhaltlich ausgewogen. Andererseits stellte sich Zufriedenheit ein, weil wichtige Punkte erledigt waren. Die wenigen offen gebliebenen Punkte wurden festgehalten, das heißt, alle machten sich klar, dass diese Aufgaben zurzeit nicht erfüllt wurden. Der wichtigste bislang unerledigte Punkt war der Vorschlag zur Einrichtung eines Computerraums.

Der pragmatische Umgang mit dem Aufgabenkatalog hatte die Notwendigkeit einer regelmäßigen Kontrolle von Entscheidungen unterstrichen. Im Rahmen eines Mind-Maps sammelten die Teilnehmer zunächst Themen und Anlässe, zu denen ein Feedback erforderlich ist. Als Sofortmaßnahme und Einstieg wurde beschlossen, dass innerhalb der regelmäßigen Dienstbesprechung jeweils ein Gruppenteam von seiner Arbeit berichtet. Es nimmt zu den übernommenen Aufgaben Stellung und gibt bezüglich der von anderen übernommenen Aufgaben ein kritisches Feedback.

Zu den anderen Feedback-Themen benannte ich jeweils einige Verfahrensmöglichkeiten. Eine Gruppe interessierter Kolleginnen übernahm die Aufgabe, zur übernächsten Dienstbesprechung daraus einen Vorschlag zu entwickeln und vorzustellen.

Der Workshop endete mit einem Rundgespräch, in dem jedes Teammitglied sein persönliches Resümee des Wochenendes zog.

## Ein Workshop zur Teamentwicklung bei der Fusion von zwei Kindertagesstätten

Ein konfessioneller Träger hatte in den neuen Bundesländern eine kommunale Tagesstätte übernommen und sie mit einer eigenen Einrichtung zusammengelegt. Ungefähr die Hälfte des Personals aus dem kommunalen Bereich war zum neuen Träger gewechselt, dazu kam mit der gleichen Personenzahl ein konfessionell gebundenes Team. Die bisherige Leiterin dieses Teams war zur Leiterin des neuen Hauses ernannt worden.

In mehreren Vorgesprächen schilderten Vertreter des Trägers und die Leiterin mir ihren Beratungsbedarf. Die Leiterin erklärte, die Mitarbeiterinnen aus jedem Teil des Teams blieben unter sich. Auch sie selbst finde keinen Draht zu den neuen Kolleginnen, während sie mit ihren alten Kolleginnen natürlich sehr vertraut sei. Aber auch hier sei es nicht mehr wie früher: »Unser Zusammenhalt ist nicht mehr so eng«.

Pädagogische Unterschiede waren vorhanden, wurden aber nicht diskutiert. Brisanter Hintergrund dieser Fusion war die

Randstellung kirchlicher Kindergärten in der DDR. Die beruflichen Qualifikationen kirchlicher Mitarbeiterinnen wurden vom Staat nicht anerkannt. Durch die erzwungene Isolation bildeten die kirchlichen Mitarbeiterinnen eine kleine, sehr homogene Gruppe mit hoher gemeinsamer Identifikation. Für die Erzieherinnen waren die Erfahrungen persönlicher Diskriminierung in hohem Maße kränkend. Dies war in der Situationsschilderung der Leiterin und ihren Vorbehalten gegenüber der fachlichen Qualität und der Persönlichkeit einzelner Mitarbeiterinnen deutlich spürbar.

**Hypothesen**

Meine Hypothesen über das Konfliktpotential der Fusion waren nach diesen Vorgesprächen folgende:

Die Teams repräsentieren zwei unterschiedliche Wert- und Normengefüge. Aus der erzwungenen Distanz kirchlicher und staatlicher Einrichtungen ist durch die Fusion ein erzwungener Kontakt geworden. Er hat erst einmal zu Sprachlosigkeit und vorsichtigem Umgang miteinander geführt. Die Mitarbeiterinnen suchen Sicherheit in ihrer Ursprungsgruppe, beobachten sich aber gegenseitig.

Für die beiden Untergruppen des Teams ist die Situation unterschiedlich. Das frühere kirchliche Team muss den Übergang von einem eher familiären Gebilde zu einer Institution bewältigen. Für die Mitarbeiterinnen der kommunalen Kita sind Grundlagen und Konzepte ihrer Erziehungstätigkeit nach der Wende vollständig in Frage gestellt, während die anderen Kolleginnen sich eher bestätigt sehen. Die Leiterin steht bei allem Bemühen um Offenheit konzeptionell mehr auf der Seite ihres früheren Teams. Sie kann deshalb den Integrationsprozess nur eingeschränkt moderieren.

Auf der Grundlage dieser Überlegungen schlug ich dem Träger und der Leiterin vor, für die Dauer eines halben Jahres einen Teamdialog zu moderieren. Dieses Konzept stellte ich auch dem Team vor. Dabei war mir wichtig, die Situation nicht zu bewerten. Ich erklärte, dass die Herausbildung einer gemeinsamen Identität ein längerer und notwendigerweise konflikthafter Prozess sei. Ich schlug vor, mit gegenseitigem Zuhören zu beginnen und dabei zunächst folgende Fragen zu beantworten:

Was tun wir ?(Aufgabenbestimmung)
Warum tun wir es ?(Sinn und Werte)
Wie tun wir es ?(Regeln, Traditionen, Rituale)

Dabei betonte ich, wie wichtig es sei, den Prozess offen zu halten.

Ich spürte Neugier, aber auch Skepsis. Nach der Sitzung entschied sich das Team für den Teamdialog unter meiner Leitung.

Auf einer weiteren Sitzung sammelten die Erzieherinnen pädagogische Themen, über die sie sprechen wollten, wie »Kindheit heute« und »Eltern als Partner«. Nicht gewählt wurden weitere, von mir vorgeschlagene Themen wie »Kooperation im Team«. Vermutlich waren sie noch zu heikel.

Während der folgenden neun Treffen bearbeitete das Team jeweils ein Thema. Ich leitete den Prozess so, dass persönliche Erlebnisse und Erfahrungen im Mittelpunkt standen, nicht konzeptionelle Positionen, die eine Festlegung erfordert hätten. Dabei mischten sich die Mitarbeiterinnen immer wieder neu. Zum Thema »Kindheit früher – Kindheit heute« tauschten sich beispielsweise die Erzieherinnen in Paaren und Trios über ihre Erinnerung an ihren Kindergartenbesuch aus. Die Mitarbeiterinnen erzählten sich gegenseitig ihre Berufsbiografie.

Im Plenum achtete ich als Moderatorin auf die gemeinsam vereinbarten Gesprächsregeln. Ich stellte Gemeinsamkeiten und Unterschiede heraus.

Bei den Sitzungen fehlte kaum ein Teammitglied. Die Dialoge wirkten vertrauensbildend. Im Laufe des Prozesses kam es mehr und mehr zu persönlichen Äußerungen über die Gruppengrenzen hinweg. Beispielsweise bedankte sich eine Mitarbeiterin bei einer anderen mit einer Blume, weil diese für sie eingesprungen war. Ebenso wurden Konflikte offener angesprochen. Eine Kollegin vermutete, dass sie von Eltern nicht gegrüßt werde, weil sie nicht zu den kirchlichen Mitarbeiterinnen gehöre. Durch meine externe Moderation konnten solche Erfahrungen und Einstellungen erstmals in einem sicheren Rahmen besprochen werden. Ich achtete darauf, dass die Erzieherinnen solche Konflikte aus verschiedenen Perspektiven wahrnahmen und beurteilten.

In der Auswertungssitzung betonten die Mitarbeiterinnen, dass die externe Moderation »die Dinge in Fluss« gebracht habe. Einige Mitarbeiterinnen schlugen vor, nun gemeinsam eine Hauskonzeption zu erarbeiten. Zur Vorbereitung bildete sich eine Arbeitsgruppe, in der Kolleginnen aus beiden früheren Teams vertreten waren. Weitere Kooperationen waren durch den bevorstehenden Umbau und die Neugestaltung des Hauses notwendig und nun auch möglich.

Eine Nachbesprechung mit der Leiterin ein halbes Jahr später zeigte, dass sie das Team nun als viel aktiver und kooperationsbereiter empfand, auch wenn es noch Rückfälle ins Misstrauen gab.

# Literaturverzeichnis


Antons, Klaus: Praxis der Gruppendynamik. Übungen und Techniken. Göttingen/Toronto/Zürich, 1996

AGB (Arbeitsgemeinschaft für Gruppenberatung, Hrsg.): Das Methoden-Set. Münster, 1993

Bennis, Warren/Biederman, Patricia.Ward: Geniale Teams. Das Geheimnis kreativer Zusammenarbeit. Frankfurt/New York, 1998

Brocher, Tobias: Gruppendynamik und Erwachsenenbildung. Zum Problem der Entwicklung von Konformismus oder Autonomie in Arbeitsgruppen. Braunschweig, 1967

Bundesministerium für Bildung und Forschung: Delphi-Befragung 1996/1998. »Potentiale und Dimensionen der Wissensgesellschaft – Auswirkungen auf Bildungsprozesse und Strukturen«. Bonn, 1998

Bundesministerium für Familie, Frauen, Jugend und Senioren: Zehnter Kinder- und Jugendbericht. Bericht über die Lebenssituation von Kindern und die Leistungen der Kinderhilfen in Deutschland. Bonn, 1998

Butzko, Harald.G.: Teamentwicklung. Quality Circle für das innere Klima. In: Lernfeld Betrieb, 4/1991, S. 34-39

Cohn, Ruth: Von der Psychoanalyse zur themenzentrierten Interaktion. Stuttgart, 1997

Deutsches Jugendinstitut (DJI), Hrsg.: Konflikte unter Kindern. Erzieherinnen berichten aus ihrem Alltag. München, 1997
Doppler, Klaus./Lauterburg, Christoph.: Chance-Management: Den Unternehmenswandel gestalten. Frankfurt (M.)/ New York, 1997

Francis, Dave/Young, Don: Mehr Erfolg im Team. Ein Trainigs-Programm mit 46 Übungen zur Verbesserung der Leistungsfähigkeit in Arbeitsgruppen. Hamburg, 1992

Glasl, Friedrich: Selbsthilfe in Konflikten. Konzepte-Übungen-Praktische Methoden. Stuttgart/Bern, 1998

Herrmann, Mathias/Weber, Kurt: Basiswissen Kita: Teamentwicklung. Freiburg, 1999

Heintel, Peter/Krainz, Ewald: Projektmanagement. Eine Antwort auf die Hierachiekrise? Wiesbaden, 1988

Kirsten, Rainer E./ Müller-Schwarz, Joachim: Gruppentraining. Ein Übungsbuch mit 59 Psycho-Spielen, Trainingsaufgaben und Tests. Reinbek, 1982

Kronberger Kreis für Qualitätsentwicklung in Kindertageseinrichtungen: Qualität im Dialog entwickeln. Wie Kindertageseinrichtungen besser werden. Seelze/Velber, 1998

Lotmar, Paula/Tondeur, Edmond: Führen in sozialen Organisationen. Ein Buch zum Nachdenken und Handeln. Bern/ Stuttgart/Wien, 1993

Maaß, Evelyne/Ritschl, Karsten: Teamgeist. Spiele und Übungen für die Teamentwicklung. Paderborn, 1997

Motamedi, Susanne: Jetzt mal ehrlich? Themenzentrierte Interaktion. In: managerSeminare, 35/1999, S. 77-81

Pesch, Ludger/Sommerfeld, Verena.: Arbeitsmaterialien für Ausbildung, Fachberatung, Fortbildung und Leitung in Kindertagesstätten. Neuwied/Kriftel/Berlin, 2001

Pesch, Ludger/Sommerfeld, Verena.: Handle stets so, dass weitere Möglichkeiten entstehen. Organisationsentwicklung in Kindertagesstätten. In: klein & groß, 7-8/1998, S. 6-10

Prott, Roger: Rechtshandbuch für Erzieherinnen. Neuwied/Kriftel/Berlin, 2000

Schmidt, Eva Renate/Berg, Hans Georg: Beraten mit Kontakt. Handbuch für Gemeinde- und Organisationsberatung. Offenbach, 1995

Schwarz, Gerhard: Konfliktmanagement. Sechs Grundmodelle der Konfliktlösung. Wiesbaden, 1990

Senge, Peter M.: Die fünfte Disziplin. Kunst und Praxis der lernenden Organisation. Stuttgart, 1996

Thiel, Heinz-Ulrich: Fortbildung von Leitungskräften in pädagogisch-sozialen Berufen. Ein integratives Modell für Weiterbildung, Supervision und Organisationsentwicklung. Weinheim/München, 1994

Vogel, Hans-Christoph/Bürger, Brigitte/Nebel, Georg/Kersting, Heinz J.: Werkbuch für Organisationsberater. Aachen, 1994

Vopel, Klaus W.: Materialien für Gruppenleiter. Salzhausen, 1993

Wageman, Ruth: So haben sich selbst steuernde Teams Erfolg. In: Organisationsentwicklung, 1/1999, S. 44-55

Wildenmann, Bernd: Professionell führen. Neuwied, 1999

Zimmer, Jürgen (Hrsg.): Praxisreihe zum Situationsansatz. Ravensburg, 1998

# Stichwortverzeichnis

# Die Autoren

**Verena Sommerfeld**, Jahrgang 1951, Supervisorin DGSv, Organisationsberaterin, Trainerin. Nach dem Studium der Pädagogik, Sozialwissenschaften und Kunst Lehrerin, Bildungsreferentin und Leiterin einer Familienbildungsstätte. Freiberuflich tätig in Personal- und Teamentwicklung sowie Begleitung von Veränderungsprozessen. Projekte zum Umgang mit Konflikten, Gewalt und Aggression in Tageseinrichtungen für Kinder. Seit einigen Jahren wissenschaftliche Mitarbeiterin bei der Entwicklung von Verfahren zur Qualitätssicherung und Qualitätsentwicklung für Kindertageseinrichtungen. Autorin zahlreicher Fachbücher zu Pädagogik, Team-und Organisationsentwicklung und Supervision. Lebt in Köln und Berlin.

**Ludger Pesch**, Jahrgang 1958. Dipl.-Pädagoge und Organisationsberater, Geschäftsführer des pfv (Pestalozzi-Fröbel-Verband). Er war u.a. Leiter einer Kindertagesstätte und ist Mitglied des »Instituts für Situationsansatz« in der Internationalen Akademie gGmbH. In den letzten Jahren war er mit Projekten zur Qualitätssicherung und Konzeptionsentwicklung befasst. Freiberuflich arbeitet er als Organisationsberater und in der sozialpädagogischen Fortbildung. Er arbeitet gerne mit Elementen von Gestaltpädagogik, Gruppendynamik, Psychodrama und mit Spielen für Erwachsene. Ludger Pesch ist Vater von zwei Kindern und lebt mit seiner Familie in Berlin.